business | 企业管理

BREAKTHROUGH
ENTREPRENEURSHIP

突破创业

新一代创业者取得
成功的10个模块

乔·伯格斯通 小比尔·墨菲◎著
任虹蓉◎译

中信出版集团 · CHINACITICPRESS · 北京

图书在版编目（CIP）数据

突破创业 / （美）伯格斯通，墨菲著；任虹蓉译. —北京：中信出版社，2015.5
书名原文: Breakthrough Entrepreneurship
ISBN 978-7-5086-5109-5
I. ①突… II. ①伯… ②墨… ③任… IV. ①企业管理 V. ①F270
中国版本图书馆CIP数据核字（2015）第068181号

突破创业

著　　者：[美]乔·伯格斯通　小比尔·墨菲
译　　者：任虹蓉
策划推广：中信出版社（China CITIC Press）
出版发行：中信出版集团股份有限公司
（北京市朝阳区惠新东街甲4号富盛大厦2座　邮编　100029）
（CITIC Publishing Group）
承 印 者：中国电影出版社印刷厂

开　　本：787mm×1092mm　1/16　　印张：13.5　　字　　数：130千字
版　　次：2015年5月第1版　　印次：2015年5月第1次印刷
京权图字：01-2014-1922　　经营许可证：京朝工商广字第8087号
书　　号：ISBN 978-7-5086-5109-5/F · 3356
定　　价：38.00元

服务热线：010-84849555　服务传真：010-84849000
投稿邮箱：author@citicpub.com

目 录

Breakthrough
Entrepreneurship

模块一

“破坏无论有多么痛苦，都是取得创造性进步、获得更好物质生活的必要代价。但是，正确的次序非常关键：富有创造力的发明应该先行，然后才是破坏一切挡住去路的障碍。”

——约瑟夫·熊彼特

Breakthrough

Entrepreneurship

创业的动力

你内心非常渴望成为一名杰出的创业者，但你却不知道从何入手。你没有足够的资金，或者你有钱却觉得不应该拿它来冒险；你还太年轻，或者你已是迟暮之年，早已错过了机会；你似乎总是提不出合适的创意，或者你的创意太多，似乎无法决定到底选择哪一个。

即使是最成功的创业者也有自我怀疑的时刻。毕竟人非圣贤。但当你开始自我怀疑的时候，请想一想罗宾·切斯（Robin Chase）。

在快满40岁的时候，切斯已经失业一年，在家照顾三个年幼的孩子。虽然她非常渴望成为一名创业者，但是她所提出的每个想法，到最后都会发现存在致命的缺陷。她怀疑自己是否真的能找到合适的商机。

之后，这个她苦苦寻求的商机似乎就悄然降临在麻省剑桥的一家咖啡馆里。

切斯有个朋友叫安蒂耶·丹尼尔森（Antje Danielson），刚回了她的祖国德国一趟，她们在咖啡馆一碰面，丹尼尔森就急切地想说些什么。国外的世界变化得太快了。她在柏林的时候，注意到那里有一个非常大胆的新兴产业——汽车租赁公司。它们以小时为单位租车，而不是按天数或星期来计算。

“为什么美国没有人这样做呢？”丹尼尔森疑惑道。

“对呀，”切斯想，“到底为什么呢？”

不论是切斯还是丹尼尔森，都没有在汽车行业工作过。切斯甚至不喜欢开车。但随后这两位女性在切斯家中合伙成立的Zipcar公司却领先世界。公司拥有50万名客户、8000辆车和将近500名员工。正是这家公司开启了美国的汽车租赁产业。

在创立Zipcar公司的过程当中，切斯成了交通政策和环境方面的权威。她在一个自己10年前几乎无法想象的平台上，影响着她所关心的事物。她不仅在全球技术、娱乐和设计大会（即熟知的TED）上进行过演讲，也到一些听众林立的顶尖大学里发表过演说。《时代》杂志将她称为美国100个最具影响力的人物之一。我们最近遇到她的时候，她正着手成立一家新公司，她感叹道，她已经说服了一个有影响力的智库，让智库成员针对他们向美国政府提出的一项交通政策，重新考虑他们的整个诉求。

“我刚拿到这份报告和推荐材料，”她说，“专家们竟然说，和我们之前的预期相比，这是一个180度的大转变。投入了数十亿美元，我却改变了公司发展的道路，因为我觉得这样做将更加有意思。”

这的确更有意思。但这一切从何而来？一个40来岁的中产阶级母亲如何从咖啡馆走上了高管的位置呢？

更确切的问题是：你怎样才能实现一个相似的转变呢？你又如何成为卓越创业者中的一员呢？

Zipcar成功的关键和你成功的关键

想要成为一名卓越的创业者，就要做两件非常关键的事情。

首先，学习并接受一套实用的分解步骤的方法，这些步骤将在下文中展开叙述。我们会向你展示怎样进行头脑风暴，从而提出一个出奇制胜的商业创意，并在你投入大量的时间和资金之前，想尽办法来测试这个创意，然后将这个创意发展成为伟大的事业。我们在过去几年采访并研究了上百个创业者的成功经验，这套方法正是基于这些成功经验反向推导出来的。

其次，接受创业必然性的态度 。要理解并相信，如果你能够实践你在《突破创业》中学到的实用策略，那么你创业的成功概率就会大大增加。历史表明，我们的自由市场体系依赖于像你们这样的局外人，正是你们的努力，战胜了那些看起来不可战胜的概率问题，才推动了市场体系的真正进步。为了让这种态度变成你的第二天性，我们先来研究那些推动创业的经济力量。20世纪的经济学家将这种力量称作创造性破坏（creative destruction），我们将借助这种力量来说明问题。

以上两点都非常关键，要铭记于心。你一定要学会怎样做，而且你一定要相信自己能够做到。缺乏一套实用的方法？这就像一个橄榄球教练花费所有时间来鼓励球员，但却从不让他们实际操练，也从不教他们任何技巧。缺乏必要性态度？这就像一个只记台词的演员，在演出之前从来不去思考角色的动机，从来不和导演见面，不去了解角色的愿景。

在这一模块里，我们先解释第二个关键点——态度和创造性破坏——我们会用罗宾·切斯和Zipcar作为案例，快速说明整套实用方法。然后，在本书剩下的模块中，我们会将这套方法细分，详细阐述每一步，并以许多成功的新创企业和创业者为例，向你展示怎样将这套方法应用于实践。

一位神气活现的经济学家的故事

无意丑化经济学家这一职业，但多数经济学家本人都比较沉闷。不过也有例外，其中一位就是约瑟夫·熊彼特（Joseph Schumpeter）。出生于奥地利的熊彼特教授生活在20世纪上半叶，他就像是一个经济学界的印第安纳·琼斯（Indiana Jones）来到美国，只不过他带来的是一些图表。民间流传着这样一个故事：1909年，哈佛的图书馆馆长不同意熊彼特的学生把书带离图书馆，熊彼特就要和馆长挥剑决斗，最后他划伤了馆长的肩膀，赢得了胜利并拿到了书。他很讨女人喜欢并且十分自负，他喜欢告诉人们自己期望成为世界上最伟大的经济学家、一流的骑士和绝佳的恋人，然后干巴巴地加一句“成为一流骑士似乎不太顺利”。

19世纪90年代，熊彼特的父亲作古，此后他近乎陷入赤贫的境地。他母亲重建了家庭，但却选择去维也纳生活，而且装出一副贵族的样子。熊彼特长大以后成为一名学者，在职场上平步青云，最后在20世纪20年代早期，成为奥地利的财政部长，但股市却葬送了这一切。熊彼特辗转来到邻国德国的一所大学，但后来由于纳粹当道而被迫逃离。他1932年来到美国的时候身无分文，再一次陷入穷困潦倒的境地，但最终他在哈佛大学安身立命并度过了人生的最后20年。

熊彼特是一位多产的学者，他用德文和英文完成了许多图书以及文章。但他最著名的作品是于1942年出版的《资本主义、社会主义与民主》（*Capitalism, Socialism and Democracy*）。在这本书中，他提出在自由社会中的进步，不可避免地依赖于大规模、杂乱的破坏。他研究了一些伟大的创新，发现从长期来看，这些创新会改善人们的生活，但是却几乎必然会导致短期的阵痛和不安全感。由于创造了更多的机会，短期的经济阵痛甚至能够成为一股积极的力量。

例如，汽车的出现淘汰了马车这种交通方式。锻铁厂 的出现也使铁匠铺销声匿迹。这样的发展对于马车出租所或铁匠来说无疑是痛苦的，但对于其他人来说，这却是非常了不起的进步。这样的发展甚至还促使那些失业的工人们进行有前景的创新，而在他们失业之前是不会考虑这么做的。

虽然熊彼特拥有高超的剑术，提出了种种理论，但终其一生他在学术上也只是小有成就。和其他经济学家相比，他显得黯然失色，而且他似乎不会把握出版作品的时机。他在写作《资本主义、社会主义与民主》的时候，世界刚从大萧条的阴影中走出来。在这样一个人们还心有余悸的时代谈破坏，谈缺乏经济安全感是必要的、不可避免的，甚至是积极的，让人简直难以想象会有比这个更加缺乏吸引力的论断。

熊彼特于1950年逝世，正值信息时代的开端。在这个时代，技术的加速进步使得“创造性破坏”这一概念更加明朗、更便于理解。想一想，现在和几年前比起来，事物的节奏变快了多少啊！不论是我们读的书，和其他人交流的方式，还是娱乐的方式都在加速。大多数我们使用的商品和服务背后存在的实体都在不断发生改变，甚至被一些后来者和局外人所取代。然后这些新贵便不断成长、成熟甚至占领市场，但最终也将会被取代。这个过程如此往复，速度快得惊人。

另外，当我们回顾历史，去探究那些拥有“创造性破坏”的影响者时，我们会发现总有那么一个人或者顶多一小部分人制造出种种剧变。换言之，大卫打败巨人歌利亚并非例外，这通常是一种法则。事实证明，总有一个甘地会勇敢地反抗英帝国，总有一辆丰田汽车会进入美国市场，击败汽车制造业“三巨头”。不管在什么时代，也总会有一个19岁的少年尝试着在自己的宿舍里成立公司，而这家公司将会改变世界。

或许你听说过“彼得原则”（Peter Principle），也就是在任何一个体制当中，每个员工最终都会晋升到自己无法胜任的职位上。暂且把这一原则放在我们有可能称作“熊彼特原则”的原则之后：当一个经济巨兽存在已久，不管在哪里，都会有一个卓越的局外人将其作为瞄准的目标，并且他最终取得胜利的可能性很大。

那么这一切和罗宾 · 切斯或Zipcar有什么关系呢？或者说这一切和其他很多卓越的创业者有什么关系呢？这一切和你又有什么关系呢？

很简单。一旦你理解并掌握了接下来介绍的一些工具，你就会发现经济的力量会站在你这边，你将会如虎添翼。如果你根据我们介绍的这一套方法对创业过程进行精心设计并不断测试，那么你最后获得成功，就是因为你应该成功。数个世纪以来，世界就是这样不断前进的，而且前进和变化的速度只会不断加快。来，跳上来、系好安全带并享受旅程吧！

如何朝着正确的方向努力

当罗宾 · 切斯描述Zipcar的业务时，她答道 ："这个电梯演说我已经做了将近上千次。"

Zipcar在所有人口稠密的都市地区和大学城都设有停车点。你可以通过网络或电话预订特定地点的特定车型，这一预订信息会无线传输到指定的车辆。你拿着会员卡对准挡风玻璃的特定位置，便可以解锁、激活点火装置并开始计价。人们在行程结束后，将车停在同一个停车位即可。当你完成这一切，计价也将停止。

因为这个服务已经存在，所以听起来很好理解。但是，切斯究竟采取了哪些行动，让她在随意地讨论一个有意思的创意后，能够真正成立起一家公司？她有一些可以去寻求帮助的导师和朋友，这也确实起到了一定作用。例如，她有一位创立了公司的同学和一个结识于社交场合的专业投资人。但除了这些，她几乎要从零开始。那么，她是怎么做到的呢？

她最后成功了，因为她非常注重方法，因为她采用了前人成功的经验，因为她直觉地懂得创造性破坏的力量。在调查了数百个这样的故事之后，我们发现，获取成功的实际步骤可以按照逻辑分为以下 7 个要素。

这些要素包括：

1. 发现并满足重要的客户需求缺口。

2. 规划盈利模式。

3. 争取可持续性。

4. 建立信誉。

5. 调集必要的资源。

6. 高效领导和管理。

7. 保持平衡，学会享受过程。

发现并满足重要的客户需求缺口

如果你在规划、成立或运营公司的过程中迷失了方向，常用的解决办法就是将客户当作你的指南针。在Zipcar成立之初，切斯聚焦于思考她的客户群是谁，她的想法怎样帮助满足客户的需求——甚至是满足客户自己都还未意识到的需求。

“当我的朋友问你觉得这个想法怎么样的时候，我真的感觉到灵光一现，”切斯告诉我们，“我自己作为一个客户会想去做这件事情。”

最后这句话非常关键。切斯意识到，她可能就是自己理想的客户——一个有成本意识的城市消费者，她想避免私家车带来的麻烦，但又想要在需要的时候享受驾车出行的自由。这就传递给切斯一种直觉，让她能感受到客户可能拥有怎样的一种真实需求。她谈到要为客户提供一种更为简单的用车方式，给予他们更多的自由——而这些正是她自己所渴望的。

另外，我们可以轻易地发现，罗宾提出Zipcar创意的过程中运用了至少3个策略。我们也发现，在其他卓越创业者的案例分析中，这些策略也反复出现。例如，从切斯身上，你可能观察到：

- 她将另一个市场的成功创意运用于熟悉的市场当中，在这个例子中，就是将德国的创意应用于美国。

- 她将两个或多个想法互相糅合：拼车、网络和移动技术，最后这些都成为公司发展不可或缺的要素。
- 她发现了一个需求未被满足的特定市场：有这样一些城里人，他们想省钱而且有环保意识，因为有公共交通工具，他们只是偶尔需要开车，或者是不太喜欢开车或不喜欢拥有私家车。

客户需求并不一定那么明显或者实际。也许有些客户想“看起来”具有环保意识，就像他们急切地想“拥有”环保意识。而切斯的公司不仅提供了成为一名Zipcar会员的体验，而且同时能带给会员实实在在的好处。

最重要的是，切斯并不需要凭空去想象拼车服务这个概念。她可以观察什么做法在欧洲获得成功，然后思考美国市场可能在哪些方面与欧洲市场存在差异或者类似之处，以及最新的技术怎样才能帮助改善这种做法，使其较其他地方更加精进。

规划盈利模式

对于利润的追求是整个经济世界的动力。不论是利用利润购买奢侈品，还是帮助那些不幸的人，一般而言，赚更多钱是人们的理想目标。而且，你为满足客户需求提出了绝佳对策，却不能维持经营、继续为客户提供服务，这样也是没有好处的。如果要指出切斯的一个优点，那就是她在希望为世界做好事的同时，也怀有追求利润的强烈意识。

实际上，在切斯与好友丹尼尔森进行那次重要的谈话前，她已经为另一个创业想法努力数月，但由于她无法想出盈利模式，这个想法最终流产。她早先的想法是建立一个互联网市场，让第三世界的艺术家和手工艺人将自己的作品直接卖给第一世界的消费者。和建立Zipcar一样，切斯将自己看作消费者的原型，而她的调查显示有数百万像她这样的消费者存在。但当时，转账和转运商品的成本都太高。（之后，一家叫Etsy的公司想出了问题的解决办法。现在，

Etsy促成的艺术品交易总额已经高达4亿美元。）

在成立Zipcar之前，切斯也同样花了几个月的时间来规划盈利模式，研究并不断改良欧洲的模式。例如，她发现欧洲的公司规模很小，并收取会员一大笔前期加入费用，相当于数百美元。为什么呢？因为这些公司需要现金去购买或者租用车辆。罗宾在思考这样的方式在美国的消费主义文化中是否可行。最后，她决定只能换另一种方式，将初期的会员费大大降低。

她还发现，海外的拼车公司即使不进行任何营销，也能实现每年30%以上的利润增长。但北美的大规模市场却未被开发。市场中只有一些无足轻重的竞争者，俄勒冈、西雅图和魁北克各有一家。

另外，波士顿和附近的坎布里奇提供了很理想的测试市场。这里的都市地区人口稠密，高企的停车和保险费用在美国数一数二。出入都市地区的人口数量众多，而且很多人都拥有成本意识。切斯意识到，她可以先用一小部分车在波士顿做试验，看一看这种服务是否能在当地稳定下来，以及如果服务奏效，是否能够实现扩张。这就提供了一个机会，可以用最低的成本获取最多的信息。

在完成了商业计划第一稿之后，切斯想要进一步了解到底有多少人会使用Zipcar、他们租用车辆的频率、公司购进和出租的成本，以及日常运营费用——这样就可以决定最终他们要收取多少费用才能实现收支平衡。她同时意识到，这需要进行反复计算。事实上，在公司成立几个月后，当她分析之前的一些硬数据的时候，切斯观察到她的一些计算出现了错误。Zipcar的收费并不足以让公司收支平衡，因此她别无选择，只得向会员们承认她的计算错误，并调高每日的租金。这样的商业模式计算很常见也很自然。应该将它们看作是学习的机会。

争取可持续性

可持续发展的公司比其他可能进入市场的公司更具竞争优势，它们遵循的商业模式从长远来看十分有效。要拥有这样的竞争优势，一种办法是另辟蹊径，和竞争对手采取不一样的方式。例如，切斯的目标消费群和那些具有雄厚实力、价值数十亿美元的租车公司存在差异，与在机场和旅馆租车的商务客户不同。她针对的是一群特定的城里人，他们通常非常自由，看起来时尚前卫。而且她出租的对象不仅仅是车辆。她出租的是一个形象。许多会员都觉得自己是一项运动的参与者，而不仅仅是消费者。

切斯后来回想："我想让人们觉得，如果他们要在Zipcar和Hertz（赫兹租车公司）或者在Zipcar和Enterprise（租车公司）之间做出选择，他们会选择Zipcar，而原因则是我们是为他们个人提供服务的本地社区企业，而不是和他们毫无关联的大企业。"

同样，Zipcar提供了简单易行的操作。当时没有人在波士顿或他们慢慢扩展到的其他市场里提供这样的服务。理论上，人们可能在机场从Hertz或Avis（安飞士租车公司）那里租一辆汽车用作短途旅行，但对于Zipcar的目标客户群来说，这样做是非常不切实际的。

在最开始，切斯认识到，无线技术和互联网将给Zipcar带来之前任何事物都无法比拟的巨大优势。她希望让客户能够上网租车，让公司的电脑可以远程开锁。当然，这个系统还要能传输用户的驾车距离，这样Zipcar才能相应收取客户准确的租车费用。

切斯还发现了另一个营销优势。数据显示，欧洲的租车公司每增加一辆车，就可以减少七辆私家车，因为用户决定他们不再需要拥有私家车。这就意味着切斯在营销时，不仅可以称公司提供的服务方便且经济，而且还可以提到由于减少了私家车拥有量，公司为保护环境带来了好处。

切斯花了几个月的时间来思考商业模式，她提出的想法有几个优势。例如，数额较大但合理的前期费用，使客户不太可能为了其他的竞争对手而抛弃Zipcar；他们已经在Zipcar支付了沉没成本。她还锁定了关键伙伴，和波士顿以及周边的市政府建立起联系，还和负责运营波士顿地区地铁和公交的波士顿海湾交通局（MBTA）建立起联系。另外，她也准备迎接挑战，因为Hertz、Avis

和其他的大型租车公司终有一天会进入这个市场，她尝试给这些公司设置一些“地雷”，让它们在进入这个市场时遭遇更多困难。她的整个商业模式就是要让那些更大的公司不得不调用核心业务资源才可以跟她竞争。

她在一次采访中说道：“它们要进入这个市场是要付出惨痛代价的，因为Zipcar真的具有很强大的破坏力。”Zipcar的破坏力在于，它打破了传统租车公司赖以生存的24小时最短出租期。“从商业的角度来考虑，这些公司要改变的是对它们自己非常有利的东西。”

建立公司信誉

在军事上，人们说一旦接触敌人，战争计划就要失效。聪明的创业者都知道，所有企业都必须在接触市场之后，做出反应并调整商业计划。虽然切斯相信她已经做了充分的市场调研，了解了租车公司的潜力，也提出了一个很精明的商业计划，但她必须得让潜在的投资者、雇员、客户和其他的利益相关者相信，她是那个可以将计划付诸实践的人。

你可以想象一下，一个创业者慢慢地就能获得信任。近几年，当切斯回顾自己的成功时，她说成功的关键之处在于，每次从项目中选择在自己能力范围内的工作量，完成这一部分，然后在此基础上继续做。这可能不算是一种策略，更应该算是一种强迫症。因为她认为她的信誉取决于她所走的每一步。

“就像我说的，这就像一个不可阻挡的趋势”，她告诉我们，“在我们形成了这样的动力之后，我觉得我们不可能再回头。我内心有巨大的压力让我不断扩大规模，租出更多的汽车，让更多人使用。这完全是自我强迫，但我内心却觉得它们是外部因素。”

当然，她后来意识到自己设定的一些期限有点随意。（她问道：“如果我晚两个月将服务扩展到坎布里奇市，会有什么影响吗？”）但是，她强迫自己遵守计划，并坚持完成所计划的事情，这也帮助她建立起了信誉。

有付出就有回报。当Zipcar 以一辆浅绿色大众新甲壳虫、一辆白色高尔夫和一辆白色帕萨特在坎布里奇市亮相时，切斯已经建立起了发展势头，她吸引了很多媒体前来报道，同时吸引了更多的Zipcar会员以及一群忠实的追随者。当一位美联社的记者在街上注意到Zipcar的第一辆甲壳虫时，便和Zipcar公司取得联系，并写了一份全国性报道。几周后，切斯成为美国国家广播电台（NPR）《晨报》（*Morning Edition*）的专题人物，也成为《波士顿环球报》（*The Boston Globe*）几篇报道的主题人物。Zipcar的时尚理念很快流行起来，报道头条均赞赏有加，都带着一种“欢迎来到未来……为什么我们早没有想到”的感觉。

但是，建立公司信誉的方法不仅限于更多的媒体报道。切斯早期的一些导师建议，在筹集资金时，她应该尽可能选择最有经验的投资者。于是，她深入挖掘自己的人脉和经历，寻求一切线索或被举荐的机会，让她能在精明的投资者面前展示自己的想法。尽管有些投资者最后并没有为她投资，但是她想借助她和这些有名的风险投资者会过面，而且他们认真对待她的想法这一事实，帮助她建立起信誉，以便吸引那些她希望成为公司利益相关方的人。

调集资源

要成立一家租车公司需要哪些资源呢？事实证明，成立租车公司和成立其他类型的公司一样需要时间、人脉和金钱这三大资源，只是这些资源的表现形式可能有所不同。

切斯首先投入了自己的时间。在她真正决定要创业之前，她就投入了100%的精力去调查这个行业。她的合伙人安蒂耶没有放弃原来的工作，但也投入了时间。切斯的丈夫最后也加入了进来。

他们还需要更多人手。由于初期资金短缺，他们只能强调并承诺给员工们一个美好的未来，让他们为此工作，而无法提供一些传统的报酬（如收入）。或许他们早期最大的人力资源支出就是，他们需要一个出色的电脑程序设计师来构建他们所需的无线网络。

虽然切斯想在最开始的时候尽可能减少花费，但是她确实需要一笔钱。她从一位天使投资者身上筹集到第一笔5万美元——这个投资者已经创业成功，是她在商学院的同学，由于认为Zipcar的创意可行，因此愿意提供帮助。但是，这只是一个经典故事 。不断地筹集资金对于创业者来说要分散巨大的精力。切斯从其他的投资者那里筹集到32.5万美元，另外还不断尝试向风险投资公司进行融资，融资额达到数百万美元。事实证明，筹资的过程是非常艰辛的。在某个时候，Zipcar的资金甚至只剩68美元。尽管切斯最后获得了成功，但她个人付出的代价是不能低估的。

“那四五个月过去后，我就像一具空壳一般。”她解释道。经历了数千个小时的高强度工作，不断经历着跌宕起伏，有时眼看着要获得一笔筹款，结果磋商失败，她又要去重新努力进行筹资。

英明的创业者会尽力搜寻廉价的资源，避免扩大融资。例如，切斯需要保证公司的每一辆车都有停车位。一个比较经济的方法就是和坎布里奇市结成伙伴关系，并说服坎布里奇市，让它在第一年以每月1美元的低价将市政停车位出租给Zipcar。切斯还需要进行营销和广告宣传，于是Zipcar将车辆以及保留停车位的标志变成了小型广告牌。切斯花费了大量精力使车辆的外观和公司的标志看起来恰如其分。他们在乘客一侧的车门以及车身上贴上公司的标志，并决定不对司机一侧的门做任何装饰，因此租车的客户不会总觉得自己在为Zipcar做流动的广告牌。

高效领导和管理

对于大多数创业者来说，高效地领导员工、管理资源都是一个常见的难题。切斯告诉我们，“虽然创意和构思等都能很快理出头绪，但是在最开始的时候，我对领导和管理的理解还非常不成熟，我不知道它们到底意味着什么。你开始做，然后日复一日，情况慢慢地越变越复杂，领导和管理也越来越复杂。然后有一天你会突然意识到，你日日夜夜的所思所想、所作所为都是在实践着领导和管理。”

切斯在和我们的讨论中或者公开露面的时候，总保持着一种平和、理性的姿态。她似乎不像是那种动辄长篇大论、慷慨激昂的人。你可以把她想象成在旧时的空难电影中，通过广播平静地指挥受难飞机安全着陆的地勤人员。特别是在Zipcar成立早期，她必须学会在她的员工和同事面前表现得胸有成竹，她必须相信自己是那个提出创意，对市场的方方面面进行了深刻调研，并勇于冒险，带头做事的人。Zipcar的机遇期和资源都是有限的，但切斯受益于几个月的市场调研，同时对公司如何运作有自己独到的见解。她尝试着增强洞察力，她不会和那些对解决问题无能为力的员工分享公司的日常问题。

“我经历了种种曲折，在3~4个月的时间里筹集了400万美元，我也因此变得骨瘦如柴。”她解释道，并补充说，“我没有和我的任何员工谈论公司面临的巨大困难，只和高管中的一两个人提及过。”

切斯让自己的员工拥有一种紧迫感，让他们严格遵守做事的期限并让公司快速发展。她联合了投资者、当地政府和Zipcar会员，形成了强大的联盟。她满足了人们的雄心壮志——“改变人们拥有车辆的方式”。同时，她保证组织内的所有人用同一个声音向外界描述Zipcar的业务。她扫除了障碍，赢得了短期胜利，并为之欢呼。然后，当他们达成里程碑式的目标时，切斯便借助良机召集她的团队对下一个目标展开攻击：即拥有更多会员，打入更多城市，不断改善技术，为更大的影响力造势。

保持平衡，学会享受过程

创业是一件令人兴奋、受人赞赏的有价值之事，但同时也需要艰苦的努力和付出。通常，创业者都要为之付出很大的代价。在着手成立Zipcar之时，切斯有3个年幼的孩子，他们那时分别只有6岁、9岁和12岁。切斯现在承认，要同时兼顾成立公司和照顾家庭几乎是不可能的事。必须要放下一件事。过了一段时间，她承认，她放下的是家庭。

“在最开始的那个夏天，我没日没夜地工作”，她回忆说，“我的女儿问我，‘你不用睡觉吗？’当她8点钟上床睡觉的时候，我在电脑前面，早上六七点，当她醒来的时候，我依然待在电脑前面。”

你会在这本书里多次看到下面这个比喻：创业就像过山车。你前一周还在接受国家电视台的采访，对自己的创新想法侃侃而谈，这一周你就可能发不出工资。一会儿你达成了一个重要协议，一会儿你又失去了一位核心员工；一会儿你在产品上取得重大突破，一会儿又搞砸了财务预算。你要经历循环往复的起伏跌宕。

这就产生了一个重要的问题：罗宾·切斯怎样才能保持头脑清醒？一方面，她和她的丈夫最后终于想出办法更好地平衡工作和家庭，但还有一些其他因素。

第一，Zipcar完美地融合了切斯的个人价值观。切斯非常关心环境和人类的可持续发展，她每天去Zipcar上班都感觉自己不仅是在运营一家公司，而且是在帮助解决全球问题。

她说在成立Zipcar时，“百分之百地肯定这家公司会得以成长，会壮大成为一家伟大的公司，但是我绝对不会为没有任何积极社会效应的事情每周投入100个小时。”

第二，切斯内化了创业的理念。这看起来似乎不言自明，但是我们并不是很确定：如果你想成为卓越的创业者，如果你一心想创造新事物，并能享受创业过程中的快乐，那么就会事半功倍。切斯很显然学会了去享受这个过程。她最后淡出了Zipcar的管理层，并开始着手成立一家咨询公司和一家互联网公司。我们最近和她碰面的时候，她在巴黎又准备成立另一家新公司：提供点对点的拼车服务，会员们可以通过这个平台将自己的车辆出租。

（等一下，巴黎？法国的大部分成年人都没有车，切斯解释道。她补充说，拼单车和其他具有创新性的交通工具在法国大获成功，这也证明了拼车服务很快就能在法国流行起来。她希望能建立起这样的拼车公司，然后再将这种模式搬回美国，就像她最初成立Zipcar那样。）

第三，切斯说她创业不是为了赚钱。事实上，对于Zipcar所带来的意外收获，她跟女儿开玩笑说，她只不过是想每次去超市的时候都能多买点名牌橄榄而已。

“我必须要谋生，”她告诉我们，“但是我对于生活的要求并不包括拥有一辆捷豹或者六套房子。那天在LV实体店，我对于4 000美元的手袋并不感兴趣。”

顺便提一句，不要误认为这是在说你不应该在经济上取得独立。相信我们，钱当然有其好处。但它并不意味着所有，而且也不一定是通往快乐的必经之路。

第四，对于切斯个人来说，真正有吸引力的是影响力。当她在TED演讲时，当她收到决策者询问交通和环境政策意见的邮件时，这些经历本身就是一种回报。因为她有这样一个机会，可以去影响她非常关心的事情。

“我对高效率和设计精美的事物十分着迷，”她告诉我们，“人们的汽车都无用地停放在那里，我工作时还要缴纳车税。难道不能让钱花得更有价值么？我现在大部分时间都在思考过剩产能以及怎么才能利用这些过剩资源的问题。当你能高效地利用某件事物时，美便油然而生了。”

当然，罗宾·切斯的创业之路也不是尽善尽美的。如果她能重新开始，那么她可能会采取不同的方式去处理某些事情。另外，你不一定非要对Zipcar很着迷才能从她的创业故事中获益。我们把这个故事作为一个开篇的案例展示给大家，这是为了给大家介绍创业过程中的所有概念，在下面的模块中还会更为详细地阐述。

切斯拥有聪明才智，受过良好教育，也有事业心，但是——我们相信她不会介意我们这么说——除此之外，她和平常人没有两样。如果在那个9月天，你也在坎布里奇的那家咖啡馆，相信你很难找出到底哪位顾客将成立一家活力十足的新公司，并改变整个行业。

但是，她确实引领了一场变革。这不但鼓舞人心，而且也很有教育意义。不管你是想成立一家价值几十亿美元的科技公司，还是在家乡创立一家小企业，切斯的故事中体现的原则都能为你所用。从找到并满足客户需求，到学会享受创业的过程，都有一套常用的方法，下面会详细讲述，而且这套方法真的奏效。

一定要记住：创造性破坏。Zipcar打破了其他行业（像传统的租车行业、汽车行业本身，甚至公共交通体系）。但这是不可避免的，最终总会有一个人这么做，而且很有可能这个人是一个局外人。

那么，一个有追求的卓越创业者是怎么开始创业的呢？她在坎布里奇咖啡馆喝咖啡的时候灵机一动，那么你的灵感在哪里呢？当然，如果你才智过人能发现面前的机会，这是最好不过的事情。但是，如果你就是发现不了机会，那该怎么办呢？

这些问题我们在下一模块中都会提出并予以解答：到底好的商业创意从何而来？如果你不知道从哪里开始寻找，那么怎样才能找到这些点子呢？

模块二

“我先去发现世界需要什么，然后再进行发明。”

——托马斯·爱迪生

Breakthrough

Entrepreneurship

创意产生和评估

你走进一家商店，一件新奇的商品突然让你驻足。为什么我想不到？你通过阅读得知某个创业者赚了几百万美元，而他解决的正是你和朋友讨论过无数次的问题。为什么不是我们成立了那样的公司？或者，恰恰相反，你看到过一个热卖的产品或服务，却怎么也想不通为什么它那么受欢迎。

最好的创业创意到底源自何处？你怎样训练自己抢先一步发现那些绝好的创业创意？更为重要的是，你怎样发现能够充分利用自己独特的抱负、经历和才华的创意？

这是每一个创业者面临的问题。吉姆·科赫（Jim Koch）也不例外。他是波士顿啤酒公司的创始人和现任CEO（首席执行官），这是一家每年营业收入达4亿美元的上市公司。如果你在电视上销售塞缪尔·亚当斯波士顿啤酒的广告里看到过科赫，你认为他生来就是做啤酒这一行的也是情有可原的。但事实上，科赫刚开始想创业的时候，甚至完全不知道自己要从事什么行业。

想要了解科赫到底是如何找到自己的创业归宿的，我们要从20世纪80年代说起。他那时三十几岁，在一家顶尖的商业策略咨询公司工作，报酬丰厚，享有声望。常年在外出差终于使他筋疲力尽。科赫不走寻常路，没有和其他商业咨询师一样，成为他们财富500强客户的管理层，而是决定自己试着创业。

面对着一张真正的白纸，科赫处理事务的方式就像接受过训练一般。他将最热门的行业列了出来——那些最能吸引投资者兴趣和增长最快的行业——然后分析了在那些行业中寻找到机会的可能性。

个人电脑在当时还是非常受欢迎的新鲜事物，所以自然而然成为他考虑的对象。但问题是，科赫几乎不用个人电脑，所以在这方面没有什么可利用的知识储备。然后，他想到了正在蓬勃发展的电子游戏行业。他有一些朋友在这个行业成立了公司，盈利非常可观，但科赫认识到自己甚至分不清大金刚（Donkey Kong）和导弹指挥官（Missile Command），所以只好作罢 。

他随后分析了在繁荣的医疗和电信行业中存在的机会。但每一次他都选择放弃，因为他觉得：这个行业不属于我，我不知道该怎么做。

科赫并没有追逐那些属于别人的机会，而是换了一种方式。他思考自己可能在哪个行业拥有特定的知识和经验，哪个行业可以带给他优势，并且能让他的创业之旅更加个性化、更加有趣。他先审视了自己、自己的知识和自己的兴趣。他为人夫、为人父，酷爱如登山、露营、攀岩等户外活动，他曾经担任过拓展训练（Outward Bound）的登山教练。他是一名咨询师，曾为美国最成功的企业分析过它们的商机。

最后，同样重要的是，他非常喜欢啤酒。

在这里，我们必须得解释一下 。美国的酒吧里喜欢喝啤酒的人数不胜数，但是区别在于，科赫认为自己不仅喜欢喝啤酒，而且懂得如何去品酒。他认为，美国的啤酒行业在禁酒令后没有真正复苏。啤酒种类仅限于少数大公司提供的几种口味清淡的啤酒。国外的啤酒公司向美国出口品种更为多样化的啤酒，但这些啤酒到达美国时，通常都已经陈腐发臭。美国的消费者喝不到一杯新鲜冒泡的啤酒。

另外，科赫来自酿酒世家。往他的祖上数六代，就会发现他的祖先是来自德国的酿酒师。面临美国几家大啤酒公司的竞争压力，他的父亲被迫从一家啤酒厂退休。因此，他不仅对酿造啤酒很熟悉，而且对于啤酒行业的运作也很清楚。

“我的思路总是会回到酿酒”，科赫告诉我们，“因为我的家人做过这一行，所以我懂得很多相关的知识。我不仅喝啤酒，而且非常留心，注意发现……这就让我产生了一个简单的想法，而后来的塞缪尔·亚当斯品牌正是基于这个想法。那是在 1984 年，我当时说，你现在无法在美国买到很好的啤酒，但我知道怎样酿造好啤酒，并且能保证它到消费者手里时依然新鲜如初。我能够做到这一点。我能将一杯最好的啤酒放在美国人面前。我能酿造美国最好的啤酒。”

作为啤酒行业经验丰富的内行人，科赫的父亲最开始抱着十分怀疑的态度。而且在最开始的时候，他的生意有些惨淡，令人沮丧。经过数年漫长的煎熬、努力的经营和精明的策略以及一点运气，最终证明，不论是在揣摩特定消费者的口味上，还是在满足消费者需求的方式上，科赫当初的想法都是正确的。波士顿啤酒公司现在是美国最大的独资啤酒公司（安海斯–布希公司、米勒啤酒公司、库尔斯公司都先后被兼并或者被外国公司收购）。

那么，创业真的这么简单吗？问题的答案是不一定。当然，能提出绝好的创意很重要。但是，基于这样的创意提出可行的商业计划并且执行又是截然不同的事。那么，是什么让科赫在开始时自信满满，相信自己能够大规模地酿造啤酒，并且也说服别人去尝试呢？他是怎样想出对抗大啤酒公司的办法的？最为重要的是，你如何运用他的策略去找到伟大的创意，从而帮助自己成为一个卓越的创业者呢？

应对风险的巧妙方式

这一模块的大部分内容是关于头脑风暴的，但是，首先我们要简单地研究一下创业中的风险这个概念。这样做可以帮助训练你快速并高效地将好创意和其他边缘性的创意区分开。我们要花些时间来研究——或许比你开始想象的还要多——但是，这样做有一个非常重要的原因：如果你不去理解或实践本模块和接下来两个模块中提到的概念，那么你在这本书中学到的其他东西就都失去意义了。

人们通常认为，创业者比普通人更加能够承受风险，或者与一些可能注意到风险的“更理智”的人相比，他们根本就注意不到风险。我们认为，看待这一现象的更好方式，是将创业者看作喜剧演员。他们和我们看到的世界没有两样，但他们看待事物的角度却不一样。就像一位喜剧演员可能思考人生的常态，对待荒唐一笑而过，一位杰出的创业者也会学着看待生活中的沮丧，并从中发掘创新的机会。

作为一位创业者，你的目标包括，利用所有优势让自己的公司尽可能地具有确定性。从方法上来看，这意味着用任何企业都存在的两种固有风险来评估自己的企业：即商业风险和技术风险。

商业风险是指像某个产品或服务是否真的有市场这种问题。竞争激烈程度如何？每生产一单位产品利润是多少？技术风险是指你是否能高效、持续并有效地生产产品这类问题。

下文还将做出更多阐述，但就现在，你只需要在头脑风暴的时候牢牢记住这几个概念即可。大多数创业者发现自己会自然而然地倾向于解决这两种风险中的某一种，但是，能够同时处理好商业风险和技术风险是非常关键的。

思考新创意

好消息：创业者几乎不需要在毫无依据可循的情况下提出原创的想法。实际上，太过于超前反而会为创业者制造很多问题，因为这样的创新产品通常寿命很短，曲高和寡（消费者通常不适应这些新商品）。通常情况下，特别是对于第一次创业的人来说，更为明智的方式是循序渐进地向前推进，或者是将两种（或多种）人们已接受的创意或想法互相糅合：以想法A为基础，加入想法B，看看是否能产生一个很棒的全新创意。

下面才是真正的技巧所在。在理想的情况下，你用以互相糅合的创意或想法，本身就含有降低商业或技术风险的种子。事实上，在早期测评你的商业创意时，可以问这样的问题：与那些缺乏创新力的竞争对手相比，你提出的想法是否能让你立即想到降低风险的办法。

想一想我们已经深入讨论过的两位创业者是怎样运用这种技巧的。例如，Zipcar背后的创意基本上就是两种想法的结合。罗宾·切斯直觉地感受到（更重要的是，她之后进行了调研并证实了这种直觉），有许多居住在城市里的人可能想在不实际拥有车辆的情况下使用车——这一想法关乎潜在市场的规模，可以直接让她评估自己的创意所包含的商业风险。然后，她糅合了这种想法和自己对新兴的无线技术的理解，即无线技术可以让公司将汽车布置在城市的各个角落，这样也消除了她的技术风险。

同样的，吉姆·科赫关于酿造和销售啤酒的创意来源于两个想法：首先，他家的阁楼中存放着历经150年流传下来的家族啤酒配方。除了他酿造啤酒的业余经历和他父亲的行业知识之外，他对如何大批量地生产啤酒了然于胸，这些知识降低了他的技术风险。同时，他将这些知识与他对行业的一些理解结合起来，如很多潜在的消费者有相似的口味。同时，他过去的咨询经历更使他如虎添翼：他曾为一些顶尖企业提供管理和运营方面的建议，对市场规模、领导力和管理能力有自己的见解，这些优势都降低了他的商业风险。

回想起来，科赫的一些想法和他对于风险的评估看似恰到好处，当然，他在最开始的时候还不能肯定这一点。波士顿啤酒公司创立早期的故事也很有教育意义，因为它生动地说明了应该如何用最低的成本获取最多的信息。科赫测试了自己的理论，控制了成本，并尽量保持低调。

“有两件事情我必须做得非常非常好”，他告诉我们，“酿造绝佳的啤酒，并千方百计将它们卖出去。我所有的精力都集中在这两件事情上，以致在某种程度上忽视了其他的事情。”

例如，科赫最开始并没有建立自己的酿酒设施，而是与一些较为成熟和知名的啤酒厂签订合同，让它们用自己的配方生产了第一批桶装塞缪尔·亚当斯波士顿啤酒。他也没有采用一些昂贵的营销方式，而是通过赢得酿酒大赛来建立自己的可信度。在最开始，他甚至没有自己的办公室。他和自己当时的秘书、后来的合伙人一起，挨家挨户地遍访波士顿的酒吧，试着说服酒吧老板和酒保来品尝他的产品。

“有好多年我真的连张办公桌都没有”，他回忆道，“我不可能在一个办公室里酿造啤酒，我也不可能在办公室里卖啤酒，所以我不需要办公桌，如果我真的要在哪里坐一坐，那么肯定是去酒吧，肯定会和我的客户们待在一起。”

除了节约资金，这样做也意味着他能与酒吧老板和消费者面对面，了解他们的需求。他可以调整产品和销售的展示方式，以迎合消费者的偏好。很难再找到比这更好的方法，既能让你以如此低的成本创立企业，又可以让你同时得到客户的及时反馈。

发掘可行的商业创意

那么，你怎么才能使这种降低风险、产生想法、将A想法和B想法糅合的方法为你所用呢？你怎样在毫无头绪的基础上提出绝妙的创意呢？首先，审视一下你的职业、知识和你本人。如果你现在要向一个新朋友描述自己，你会先想到哪些文化背景、职业或个人的经历呢？或许你可以写一个两页的自传作为开端。有什么要点是你一定会写的呢？

你有没有熟悉的行业或者是否发现有一群客户的需求未被满足？尽量发散思维。不管你的年龄或背景如何，你都可能产生一个很宏大的想法。你或者你的朋友们想要什么或需要什么吗？好好观察技术的变化以及其他情境的转变。想一想今天的世界与5年前的世界相比有什么不同。这种不同又带来了什么机会。即使是你可能认为是劣势的东西，也能在适当的时候变成优势，因为它们能帮你理解到底目标客户的所想所需是什么。

所以说，如果你是一名30岁的商业咨询师或者银行从业者，你很想成立一家公司，但是却没任何实操经验，那么请记住：你之前所接触过的不同的行业和商业流程可能助你一臂之力，特别是当你能想到如何将两个或多个这样的行业或流程结合起来时，这样的经历将能更好地为你所用 。如果你是一名23岁的软件工程师，想自己创业而不是帮他人致富，那么想一想你掌握哪些关于你所在行业的而他人又无法知道的信息。

或许你已经55岁，曾是流水线上的工人。你可能觉得自己不走运，但事实上，你最清楚像你这样的人最需要什么，最想要什么，而外行人永远都无法理解。

即使你还是高中生，你对同龄人的了解也胜过那些甚至比你年长10岁的人。在这样一个创造性破坏不断重复、愈演愈烈的时代里，年轻人有时候更占优势，因为他们只了解最先进的技术。你不用去忘记在过去20年或30年间习得的那些已经过时的误解。这是一种资产，如果与另一种资产相结合，还有可能找到伟大的创意。

说到灵感，我们来看看那些一炮打响的创业者们，如迈克尔·戴尔（Michael Dell），他在得克萨斯大学的宿舍里成立了PCs Limited公司（现称戴尔公司），那时他年仅18岁。马克·扎克伯格（Mark Zuckerberg）成立Facebook（脸谱）的时候年仅19岁。比尔·盖茨（Bill Gates）在21岁那年从哈佛退学并与人合伙成立了微软公司。Yahoo！（雅虎）、Google（谷歌）、Oracle（甲骨文)、Apple(苹果)和其他很多公司都是由非常年轻的一群人所创立的。

但是，如果你年龄渐长也别担心。哈兰德·桑德斯(Harlan Sanders)开第一家肯德基的时候已经62岁。山姆·沃尔顿(Sam Walton)在1962年成立第一家真正的沃尔玛超市时已经44岁。堂·费希尔(Don Fisher)和妻子多丽丝成立Gap服装公司时已经41岁，后来经过扩张，将服饰品牌老海军(Old Navy)和香蕉共和国(Banana Republic)纳入旗下。他去世的时候留下了价值30亿美元的财产，更包括世界上最重要的后"二战"艺术藏品。

人类的眼睛生来就可以观测实体运动，而杰出的创业者则能很快洞察抽象意义，如文化上的变动。所以，仔细观察在过去一年中，你的生活发生了怎样的变化，或者在过去的5年或10年当中，又有什么变动。你结婚了吗？生孩子了吗？戴上了牙套或者是换了个外形？战胜了病魔？跳了槽？你个人的经历让你对我们共同的经历有什么样的理解？

举一个例子：假设你或你的家人在2001年买了一套房子。在2006年，你本可以将房子以3倍的价格卖出，结果你没这么做，而是眼睁睁地看着房子的价格不断缩水，最终你在2011年将房子卖出。想一想你的经历为你提供了什么信息，可以让你了解美国的整个房产市场在过去5年所发生的变化。你的同龄人现在是如何寻找一个合适的住处的？你现在怎样看待投资、政治，还有美国梦？每当大环境发生变化，就不可避免地会产生机会。

那么，一个坐在工作隔间中、思科系统的50岁的工程师，和从小到大一直使用思科产品的客户，哪一方知道得更多呢？这很难说。答案可能是他们都了解得很多。任何一个真正了解市场和客户需求的人，都能提出伟大的创意。

将已获成功的趋势散布各地

如果你没有发现一个显见的由不同创意结合产生的新创意，那么解决的办法是让世界来为你找出可以相互糅合的创意。25年前，到访欧洲的美国人都对大城市中的咖啡文化赞不绝口。为什么在巴黎、维也纳、威尼斯和布拉格，咖啡馆遍布几乎每一条街道，而在美国却没有这种现象呢？难道美国人不需要这种可以相聚、逗留、阅读和聊天的场所吗？当然，有一些有先见的创业者确实注意到这个现象，他们将欧洲的咖啡馆与对美国消费者的理解相结合。现在，你似乎可以在美国各个城市里的各个角落看到星巴克。

探索其他的文化中那些流行的趋势，并看看这些趋势是否能被本地化。例如，日本市场以充满“技术快速适应者”而著称。如果你想知道什么科技产品在未来的6个月或两年内会在美国流行，可以去一趟东京，坐坐地铁，逛逛涩谷的商场，看看那些家境好的年轻人都在用什么新设备。

你也大可不必跋涉千里。问问你自己，布鲁克林那些赶时髦的人都在做什么？芝加哥的运动迷们在做什么？休斯敦的足球妈妈在做什么？那些名人们又在洛杉矶的红毯上做什么？

美味的纸杯蛋糕在纽约城风行起来之后发展到其他地方，我们以此来说明将产品传播到其他地域。美国上下精明的创业者都纷纷效仿这一想法，将这种已获成功的趋势和他们对当地市场的理解相结合。电视广播公司TLC甚至为其中一家企业出品了一档真人秀节目。他们没有从未被尝试或试验的新产品入手——像在特伦顿开一家松露巧克力店或在博伊西开一家卖巴巴加诺什[①]的面包店——而是将已经在纽约大获成功的纸杯蛋糕传播开来。我们看到这种现象时不时地在发生，不论是在食品、时尚或文化等领域，都在发生。

现在再回头看看技术风险和商业风险。将一个已经成功的商业模式应用到新的环境中可以让以上两项风险都降低。如果一个人能在纽约烤出美味的纸杯蛋糕，那么从技术的角度出发，可以肯定地说，你在内珀维尔、伊利诺伊、普罗维登斯或罗德岛也很有可能做到这一点。从商业风险的角度出发，你在纽约的一家面包店坐上几个小时，实际上就开始了降低风险的调查。但你得保证在那之后去健身房多待几个小时。

---

① 巴巴加诺什（baba ghanoush），一种鸡蛋和芝麻糊制成的面团。——译者注

你应该在你能快速学习并能及时得到客户反馈的地方多留意，注意寻求商机：就像吉姆·科赫事实上将自己的商店开到了他的客户所在的酒吧里一样。你应该在那些能以低成本启动、迅速扩张并在事情发展符合预期时在有利可图的领域寻求机会。创造性破坏的理论告诉我们，谈到创业，只要你创立了一个企业，就必然会有竞争接踵而至。所以说，你最好的筹码就是要让自己成熟壮大，并且利用你的先发优势。

我们还是以纸杯蛋糕为例。在21世纪的第一个10年中，小小的美味纸杯蛋糕通过著名的《周六夜现场》(*Saturday Night Live*）节目快速风靡,《欲望都市》中的演员们在银幕上吃纸杯蛋糕，更是让纽约之外的更多观众知晓了这一风靡纽约的趋势。类似山寨的一种现象，会促使一批进取的创业者在其他的美国城市从事相似的生意也是合情合理的。同时，有一个事实也非常重要，那就是新鲜的纸杯蛋糕从本质上来说应是本土产品，因此，创业者对当地的了解能够成为巨大的优势。况且，盒装的纸杯蛋糕也不方便运输。成功的纽约纸杯蛋糕店店主可能想在费城或波士顿设立更多新店，但是在那些新店里，他们需要新的设施来烘焙纸杯蛋糕。其他伺机先动的创业者们能在他们的城市里开设纸杯蛋糕店，建立先发优势，独占当地的纸杯蛋糕王国。

以全球性的思维思考

全球范围内的交叉影响是双向的，因此成功的创业者们也能将美国的商业创意出口到其他国家。或许你是在美国长大的，但是你的家人来自中国、印度或拉丁美洲，所以你了解以上某种文化。那么为什么不将你所熟知的两件事情——你亲眼所见、在美国获得成功的商机和你有切身体会的外国文化——结合起来呢?

例如，米歇尔·古兹曼（Miguel Guzmán）来美国接受教育，后返回墨西哥，并在当地开启了美国式的影院连锁，称为Cinemex，后来他以3亿美元的价格将影院卖出。创业者邵亦波也采用了相似的方式，在美国接受教育后回到上海，成立了EachNet（易趣网），成为中国第一个成功的网上竞拍平台，最后被Ebay（易贝）以1.5亿美元的价格收购。一位印度的创业者也是在美国接受教育后回到祖国，成立了Indiabulls公司，这是一家类似于E*TRADE的网上投资机制。如果你去中国或俄罗斯打听当地的搜索引擎和社交网络，你可能会得到像百度或者V Kontakte这样的答案，而它们基本上是Google和Facebook本地化的产物。

有件事现在还没有发生，但在将来我们或许会发现：有位创业者不但钟情于富含碳水化合物的早餐，同时深刻理解外国文化。或许他或她会想出怎样将国际烤薄饼店（International House of Pancakes）真正实现国际化。

新需求和细分市场

要利用其他企业已获成功的商业模式还有一个方法，那就是将它们的客户细分。想一想有哪些需求未被满足或者在哪些细分市场它们的表现差强人意，并在这些地方提供解决方案。以社交网络世界为例。在写作这本书的这段时间里，Facebook很有可能会继续保持行业佼佼者的位置，至少在美国是这样。但Google拥有不可估量的优势：它可以利用多样化的服务产品如Gmail来吸引用户使用Google+，但是很可能除了Google之外，没有任何企业能在短期内推出超过Facebook的社交服务。尽管如此，Facebook在一些细分市场上的服务也有可能比不上其竞争对手，而那些细分市场就意味着机会。

在最开始，Facebook的注册会员仅限于哈佛大学的在读本科生，它当时在哈佛受欢迎的程度简直不可思议。马克·扎克伯格（Mark Zuckerberg）和他的团队做了一件理所当然的事，那就是扩大Facebook的接触面——首先扩大到其他常春藤高校，然后到所有的大学生，最后只要你有电子邮箱，就能拥有Facebook的账号。现在，Facebook的规模已经发展壮大，如果将其看作一个国家，那么它的人口规模将是世界第三。你的祖母可能也玩Facebook。你在高中时代最不在意的那个他或者她可能已经通过Facebook要“加你为好友”，虽然

Facebook即将拥有10亿活跃用户，但是它也不能时时刻刻让所有人称心如意。

那么，这对于潜在的创业者们可能意味着什么呢？

本地化或受限访问

一些新兴公司都尝试着要借鉴Facebook的初期模式，将会员限制在常春藤大学内部，或者十大盟校（Big 10）内部，或者限制在小型文科院校内。加州大学伯克利分校的学生们建立了一个社交网络，并将会员限定为自己的同学。西点军校的校友也采取了相同的做法。那么一家这样的公司怎么样呢？它可以提供一个模板，创建分类的校友社交网络，并让客户自己决定如何分类。

当然，利用母校和地理位置并不是唯一的机会。想象一下，你可以将这种成功的受限访问社交网络，与你所了解的社会或文化相结合，创立如物理学家网络、作家网络或者是专业工程师网络等。人们在Facebook上共享了很多个人信息，随着时间的推移，有些人对这种方式感到越来越不舒服。或许应该有这样一种社交网络，能够让用户拥有更多隐私设置方面的控制权。

当然，从长期来看，你能否在建立此类具有竞争力的社交网络的同时实现盈利，这是至关重要的，我们将在下一模块讲到这个问题。

入门级别和中档市场产品

通常，一家创新公司在市场上推广一种技术先进的产品，只是为了经历“功能蔓延”（feature-creep）的过程。如果这家公司认为消费者想要最新、最先进的特性，那么它将不惜成本去追求。克莱顿·克里斯坦森（Clayton Christensen）教授已在《创新者的窘境》（*The Innovator's Dilemma*）中详细地阐述了这一现象。一些对于新鲜事物慢热的消费者可能占据着剩下的市场，他们愿意等几年，去买更低价位的相似产品，或者他们根本就不想要那些花里胡哨的新奇玩意儿。这就为其他的创业者进入一个成熟市场提供了机会，他们可以把重点放在低端客户身上。

举一个明显的例子：现在，大多数汽车所具备的标准特性在几十年前被看作豪车的特征。你最后一次乘坐没有电动窗和空调的汽车是什么时候的事情了？但是，如果你预算有限，只是想买一个基本的交通工具，那么或许你并不关心这辆车是否配备了最先进的音响或LED照明。或许比起自动感应的可变间歇式雨刷，你会对有保修服务的汽车更感兴趣。

汽车制造商已经认识到这里可能存在一个机会，因此产生了像丰田雅力士、福特嘉年华和本田飞度这些型号。类似的，现代的智能手机有些功能在不久之前还看似是科幻小说中的情节，当然它们的费用也是相当昂贵的。有些细分市场的制造商和通信公司已经发现，功能简单的手机和低价服务计划还有很大的盈利空间。

商业案例：
中档市场中的机会

创业者约翰·奥谢尔（John Osher）曾经做过出租车司机、木匠、水管工、珠宝销售、二手服装零售商、节能发明家和玩具制造商。在20世纪90年代末，这个发明家拿着一份充满曲折经历的简历想要寻求新的挑战。这次他的挑战却出现在一个出人意料的地方——当地一家药店卖牙刷的过道。

在过去几十年里，牙刷就仅仅是牙刷，只有像将刷头加大、刷毛变软或让刷杆线条更加分明等一些小小的创新能将它们区分开来。但最近店里进了一批非常高端的电动牙刷。结果出现了两个明显区分开来的市场，差距惊人：消费者可以买一支普通的牙刷，最多只需要花3~4美元，也可以买一支带有声波震动的电动牙刷，零售价在100美元左右。

奥谢尔不禁思忖，为什么没有一个中间价位的选择呢？

在那时，他最大的成功之处就是制造并销售过一系列自动旋转的棒棒糖，叫作SpinPops。正是由于这段经历，奥谢尔对如何制作低成本的电动旋转器略知一二。想到此，他认为有一个机会正摆在自己面前。

他利用自己的技术经验，研发并生产了一款中低端的电动牙刷，在商店里的零售价是8~9美元。他的新公司大获成功，最终以4.75亿美元的价格被宝洁收购。如果你用过那种8美元的一次性电动牙刷，那么你应该要感谢约翰·奥谢尔。他利用自己在“电动蛀牙产业”中收获的知识创造了“电动护牙产业”。

在牙齿保健市场还没有太多竞争对手，而且很明显没有几个创业者会疯狂到与行业巨人宝洁叫板。但最后的结果却很有教育意义：当你看到别人似乎把一个商业模式做得很成功，并想寻找机会的时候，要像伟大的棒球手威利·基勒（Willie Keeler）曾经说过的那样：“在他们不设防的地方给予重击。”记住，最佳的“击球位置”很可能就是存在服务空白的中间市场。

高端产品

虽然在中低端的产品和服务中能发掘很多机会，但是，许多创业者还是会本能地寻求高端市场中的机会。毕竟，更高端的产品能在满足更为复杂的客户需求的同时，带来更为丰厚的利润。如果没有这种思维模式或期待，何来进步可言呢？或许正是高端产品中一些疯狂大胆的创新，最有可能具有熊彼特所津津乐道的创造性破坏。在今天，电动汽车和私人太空旅行都被看作开发创新性的高端产品所做出的大胆尝试。

虽然新兴技术和高端产品中蕴藏着很多机会，但是，它们通常也带有较大的商业和技术风险。聚焦高端市场的创业者通常会因为高新技术而忘乎所以，忘记了应该努力去解决真正的消费者痛点，我们下一模块将深入阐述这个概念。

作为一个试水新技术的创业者，训练自己问这样的问题：这个创新是否真的有可持续的需求？我是否能以高效持久、可盈利的方式提供这种产品？

如果高端产品能在市场上获得成功，那么它们不仅能提供有形的价值——即产品本身的效能——而且能提供无形的价值，例如，产品非常前卫、具有创新性、富有智慧，而且非常流行。但是，高端产品的起步成本也很高，也就是你花费大量资金，可能只是为了看一看产品是否有成功的可能性。

的确，同样高的起步成本可以成为进入市场的门槛，有效防止竞争者进入市场，但是，高成本也使得在公司成立之前去测试商业创意变得十分困难。例如，电动高性能汽车，如特斯拉汽车公司研发的那种，是否真的拥有持续不断的需求？我们是否真的发展到了对私人太空旅行有可持续需求的阶段？就像我们需要SpaceX提供的货运服务和维珍银河公司提供的航空服务那样？这些公司已经存在数年，如果我们现在不能确切地回答这些问题，那么有可能就要停下来，即使长远来看答案是非常确切肯定的。

有一点值得一提，那就是以上3家公司的创始人都已经在其他领域享受过巨大的成功。他们经验丰富，具有商业头脑，同时还能获得广泛的资源。而初次试水的创业者却应该在尝试如此复杂的领域之前深思熟虑。

这并不意味着你应该永远远离高端市场，但进入高端的市场要求你必须完全客观地评估自己的个人优势和能力。你是否真的具有独到的见解，能让你在推出一个高端的产品或服务时赢得优势？高端产品通常既要求承诺又讲究信誉——在一个技术先进、功能复杂的产品背后，要有“宏大的背景”和有效的营销模式。这意味着深入的行业知识甚至变得更为重要。如果你想要在一个全新的城市成立一家高档的纸杯蛋糕公司，或许即使你从来没有在纸杯蛋糕店工作过也能顺利做到。但是，如果你想要成立一家新的电动汽车公司，像特斯拉汽车，那么如果你有相关的经验的话，做起来会得心应手得多。你很有可能需要一大笔资金来测试自己的创意，看一看这个创意到底有无独到之处。

服务于宏观变化

美国、欧洲和日本都在逐渐走向老龄化。印度和中国的中产阶级在日益壮大。整个世界变得越来越紧密相连，人们的环保意识不断加强，创造力也达到了前所未有的高度。当你思考身边的世界发生了怎样的变化时，想一想哪些变化对于创业者来说意味着机遇。

例如，婴儿潮出生的这一代人正在老去，美国人口中老年人的比例将逐渐上升，这一转变带来的需求应该予以考虑。在以下一些方面可能存在机遇，譬如老人寿命越来越长，该如何帮助他们保证财产的稳定性呢？如何帮助他们应对疾病和老化的恐惧呢？又该如何满足他们的需求，让他们确信自己度过了有意义的一生呢？你的背景是否能为你提供指引，让你想出一些增进老人与子孙之间交流的产品或服务？或是满足他们对娱乐或者对精神纽带的需求？你如何能够帮助他们规划实际的需求，例如法律服务、财产规划、就业歧视以及善后事宜？

你很有可能还可以找到10个或20个其他的机遇。如果你想不出，那么问问你的父母或者其他亲戚。要开始问问题，并听取答案。我们敢肯定，你会找到一两个创意的。

更大范围市场内的繁荣与萧条

即使你找到了一个很好的细分市场，一些强大的竞争对手在看到你取得成功后，也很有可能进入你的市场。顶尖的服装品牌会推出一些低端的产品线，为的是和那些价格便宜的杂牌竞争。当然，你也可以一定程度地规避这种风险，在一些和明显主流的市场相比较为边缘化的领域寻求新机会，远离那些强大竞争者的产品。

例如，当今世界正大力推进绿色科技和清洁能源，像风力农场和风力涡轮。现代的风力涡轮体积庞大，用标准的半挂车根本无法运输。因此，围绕巨型卡车和巨型火车车厢的整个行业应运而生，这些设备足够庞大，能够运输叶片和风塔。在这一非主流的运输行业中，创新者并不一定关心到底哪家风力农场生产清洁能源，哪家不生产；他们只关心市场本身是否能够存在。

或者，想想苹果的iPod、iPhone和iPad。每一次当苹果或任何一家强大的电子生产商推出人手必备的新产品时，所有配套产业就会迅速涌现：保护壳、操作说明、外接扬声器或者更优质的耳机——这些产品通常是由独立的公司生产并销售的。

到目前为止最为重要的创意

甚至在你读这本书的时候，就想到了一些好创意，所以现在重申实现潜在创意要做的3件事情时机刚刚好：那就是测试它们，测试它们，测试它们。

创业者最容易避免的错误，就是在没有深思熟虑前就贸然行动。因此，虽然说快速行动有其价值，但是，保证你是在正确的方向上快速行动的价值更是不可估量。如果你有足够的创造力和进取心，能提出一个绝妙的创意，那么你应该在火力全开之前，用同样的创造力和进取心找到能有效地测试创意的方法。

在网上或者现实生活中寻找可以陈述你的想法并获得反馈的地方。和大量的潜在客户聊天，探究商业计划竞赛，调查天使投资者群体。不要害羞：只要你真心相信自己提出的想法中有合理的价值，那么你就有道德义务去和别人接触，获取他们的反馈，这样你才能降低风险、提高自己成功的概率。当然，获得反馈的最佳方式，是以一定的价格将商品出售给消费者。做成这笔买卖吧！

几乎没有一个创业者在他们最初的想法上能够一帆风顺。所以早点开始收集数据，并且在投入过多的时间和金钱之前做出调整，难道不是更为明智的选择么？我们下面的讲解过程中还将深入探讨这个问题。但现在，将下面这句话作为你的信条：用最低的成本获取最多的信息。

大背景

Breakthrough Entrepreneurship

从生活的沮丧和艰辛中发现机遇而不是问题，是一种后天习得的能力。这可能需要进行一些心智练习。你不需要喝啤酒、吃纸杯蛋糕，或钟情于中档的电动牙刷，也能理解这些例子背后共同的道理：最好的新创意通常都隐藏在平淡无奇的生活中。分析你的经历，并尝试去理解你的热情所在。这个过程很可能会激发你的一些有趣的见解。

在破坏性创造的背景下思考创意的产生。总会有人在你感兴趣的领域创业并取得突破，这是不可避免的。波士顿啤酒公司结束了啤酒在美国生产和销售的传统方式，然而，吉姆·科赫显然不是唯一想在当地酒吧喝到除口味清淡的啤酒以外饮品的创业者。我们在本模块中所讨论的技术创新，结束了人们过去做事的方式，但是回想起来，很多导致创新和创业的见解，似乎都近乎平常。例如，约翰·奥谢尔发现了美国牙刷领域的一个空白，但如果他最终没有选择创业，是否还是会有某个人发现 3 美元和 100 美元之间那缺失的一个档次?

我们希望这是一个鼓舞人心的例子。你不需要成为行业中知识最渊博或者想法最先进的人。你只需要去发现机遇，将机遇与其他创意相结合，创造出独特实用的产品。你还需要有行动力。当你这样做的时候，不但能增加你的成功概率，而且你会成为促进自由市场社会进步力量的一部分。

当然，在创业能产生社会效益这个想法背后，还有一个难以摆脱的小问题：你如何确保从自己伟大的创意中挣钱。另外，还有一个问题，在你确定自己提出的商业创意是否能真正变成一家盈利机构的同时，你如何坚持我们提出的用最低的成本获取最多的信息这一信条？

我们会在下一模块详细讨论这些问题。同时，我们还会提到怎样衡量企业可以提供给消费者的价值，怎样计算你的伟大创意是否有可能产生效益。

模块三

“我总是滑向冰球要去的地方，而不是跟随它已经滑过的轨迹。”

——韦恩·格雷茨基

Breakthrough

Entrepreneurship

消费者痛点和价值定位

头脑风暴、找到并评估创意，仅仅是创业马拉松的开始。事实上，这个过程通常会引发一些难以回答的问题。你怎样在自己新的创业创意中去粗取精，保证你的产品和服务会满足市场的需求？当你相信自己找到了绝妙的创意，但事情就是不尽如人意，你会怎样应对这种沮丧的局面呢？你怎样预知消费者是否会和你一样，为你的创意兴奋不已？

这些问题的答案只有一个，那就是：永远将客户当作你的指南针。这意味着积极地聆听市场的声音，并学会对消费者当下的需求做出准确的判断——但同时也要考虑他们在你提出解决方案时的需求。市场是移动的靶子。有时候，潜在客户知道他们想要什么，并会直接告诉你。但其他时候，你要用自己的洞察技巧去发现客户未言明的需求。就像医生问诊一样，你要去聆听客户的抱怨——但是，同时也要从大处着眼，思考产生他们抱怨的原因以及解决办法。

皮特·泰尔（Peter Thiel）从律师转变为连续创业家，成立了PayPal（贝宝）（后来成为为Facebook做出重大投资的第一人）。他有力地说明了如何在消费者言明自己的需求之前就发现那些最为急迫却未被满足的需求。当他决定要成为一名创业者时，泰尔采用了和我们之前讨论的方式相似的头脑风暴过程。在自己的自由主义政治理想和对当时兴起的那种安全和通信技术的理解的交叉处，他找到了第一个可行的创意。泰尔尤其想要开发一种免于政府干涉，让人们能够安全地交换信息和金钱的产品。

泰尔和他的合伙人于1998年成立了一家名为Fieldlink的公司。最开始，他们专为当时流行的Palm Pilot掌上电脑个人数码助理（PDA）做信息加密。公司的技术还能让用户安全地通过红外传感器从一个PDA向另一个PDA转账。泰尔的公司将它们的旗舰产品命名为PayPal并筹集了第一轮风险投资。一个投资者在公司的里程碑纪念发布会上，向泰尔的Palm Pilot转账300万美元。（在后来的一次活动上，公司雇用了在《星际迷航》中饰演司各特先生的演员作为其代言人，向参与者展示转账的功能。他谈到自己曾在银幕上将人转移到飞行器上，而现在能在现实生活中将钱从一个地方转移到另一个地方，对此他感到非常兴奋。）

大量媒体对PayPal进行了报道，但是Palm Pilot的用户仅有400万。当然，从一个PDA向另一个PDA转账确实要比传统的金钱共享方式更为便利。当时的报纸就将朋友们吃饭时需要各自买单作为例子加以说明。

但是，这一消费者痛点是否非常急迫，值得为此建立一个公司么？世界的变化日新月异。互联网商务以指数级的方式不断增长，但是，用于相隔数里的用户间相互转账的简易服务，却没能跟上脚步。例如，竞拍网站eBay（易贝）的用户群就在一年内增加了3倍——1998年有210万客户，到1999年，客户量增长到了770万——而在2000年，这一数量还将再翻两番。而客户却依然用邮寄支票的方式完成支付。

对PayPal的早期新闻报道强调其面对面交易的特点，这似乎让人们认为这家公司有不错的创意，能帮助解决过去10年存在的问题。

幸运的是，泰尔和他的合伙人马克思·拉夫琴（Max Levchin）早在消费者开始意识到自己的需求前，就预测到了这一新生并深切的消费者痛点。他们最初的想法是将这个服务扩展到手机和传呼机上，后来他们决定只要消费者有邮箱地址，就能使用这一服务——手持设备不再是必要的了。

这个被公司早期的员工称为“事后产生的想法”最终决定了公司的道路。“由于Palm软件的用户无论怎样都需要将经过加密的交易信息上传到PayPal网站，因此，皮特、马克思和他们的研发团队一致同意为他们创建一个独立于Palm而存在的账户。”

PayPal开始发力，实现了繁荣发展，其注册用户成百万地增加。

泰尔告诉我们，要理解市场真正的需求是一个永无止境的过程。

“你要去聆听消费者，并让他们来帮助你，”他告诉我们，“但问题在于消费者并不确切知道怎样的产品是可行的，或者什么样的产品能够满足他们的需求。”

因此，一切都取决于你这个具有创意的旁观者，你应该想出“消费者可能需要，但是还没有人想到的那种东西”。

发现你的消费者痛点

一个创业者怎样在产品或服务问世之前就能发现消费者要购买什么呢？要回答这个问题，还是先来看看另一个问题：为什么人们会有购买的行为？在最基本的层面上，人们通常在两件事情上花钱：

首先，他们很愿意为消除痛苦花钱。其次，他们也愿意为追逐快乐花钱。

我们将痛苦和快乐做出上述排序是有原因的。在其他条件均等的情况下，痛苦或问题越急迫，你就越有可能提供吸引人的解决方案。解决方案越吸引人，消费者就越愿意花钱。从一个创业者的角度来看，这意味着消除痛苦的生意通常比制造快乐的生意好，因为解决痛苦的生意具有更为持久的力量。

事实上，创业者通常将“消费者痛点”作为“消费者需求”或“消费者问题”的近义词。但当我们谈到卖给消费者电子产品或新潮的衣服来减轻他的痛苦时，未免有些夸大其词，甚至有些俗套。但是说“痛点”比“需求”或者“喜好”更能突出一点：消费者也是人。他们根据自己的经验来看待世界。他们能感受到挑战或困扰（他们的痛点），但是，他们却无法去设想解决的办法（他们的需求）。

因此，去寻找痛苦吧！思考一下让人们觉得困扰、沮丧、紧急或不舒服的事情。然后在找到这种痛苦后，将其牢牢记住，开动脑筋去寻找解决办法。聚焦于治愈痛苦，并在创业的时候将其作为你的导向，成立能使这种痛苦消失的企业。

这里还有一个要素。你不仅要集中精力找出消费者的痛苦，还要想想这种痛苦在什么时候最为迫切。让人们接受为当下存在且剧烈的痛苦提供的解决方案，比解决一个不那么迫在眉睫的问题更容易。如果你曾经在紧急情况下求助于锁匠或者水管工，你自然就能理解个中道理了。如果一位车主刚得知要花 1 500 美元才能修好自己的旧车，那么在这个时候给他推销一部新车就简单得多。这也是阿司匹林比维生素好卖的原因。

这种渴望结束痛苦的追求同样也适用于企业客户。企业一般有两大目标：扩大规模和削减成本。如果你能为企业客户们展示找到新市场、创造新产品，甚至为现存产品提价的新方法，你就在用增加收入解决他们的痛苦。如果你能为企业客户们提供管理员工、遵守政府法规以及建立基础设施的创举，那么你就在用削减成本来帮助他们解决痛苦。

你还需要考虑最后一件事：你的客户和最终用户并不一定是同一个人。例如，你出售游戏或玩具，你的用户通常是孩子们，但是真正购买产品的客户却十有八九是孩子的父母。同样的，如果你用Google搜索，那么你是Google

的“用户”，但是只有当你购买Google关键词广告时，你才会成为Google的“客户”。

未来的社会创业者更应该注意用户和客户的潜在区别。假设你想要尝试改善市中心的学校或者抗击疾病或者将清洁的饮用水带到世界上需要它的地区。在这些例子中，你所要帮助的学生、病人和其他人将会是你的用户，但是那些你期望能资助你事业的捐赠者则是你的客户。因此要确保寻找到潜在捐赠者可能会感觉到的痛苦——或许是利他主义、满足感、愧疚或者其他——然后找到有吸引力的解决方案。你的企业之所以存在是要解决用户的需求，但是，你要持续经营，则取决于你解决客户痛苦的方式。

PayPal是如何成功的?

至少还有一个原因让PayPal的故事具有教育意义。PayPal的客户每增加一个，就意味着带来了一些潜在客户。当那些以前从来没有想象过能用邮件转账的人们发现这个服务时，他们突然间产生了新的痛点。他们收到的邮件写道，有一笔现金到账。他们想要拿到那笔钱，而唯一的方式就是先在PayPal上注册。

“当越来越多的人使用PayPal，PayPal的价值也随之增加，”泰尔描述道，“拥有1亿客户的PayPal比只有10万客户的PayPal更有价值。”

下面这些数据说明了上述观点。当PayPal调整了自己的产品后，用户数量实现了快速增长。在其成立早期，PayPal甚至向用户们支付10或20美元来吸引他们注册。但不久后，PayPal用户数量的增长超过了其最乐观估计的40倍。在一年之内，PayPal用户数量达到了近700万。在那之后不到两年间，PayPal被eBay以15亿美元收购。

在这笔资金中，泰尔个人所得为6 000万美元。他后来又成为Facebook和其他公司的投资者，获得了巨大成功。从那以后，他成立了一家大规模对冲基金、一家创新风险投资基金和另外几家有意思的新公司。同时，他全身心地为创造性破坏的过程着迷。

“从根本上来说，我非常享受和一些富有才华的人共同努力创业的过程，”他说，“一个人最能影响世界的方式——也是最被低估的方式——就是创立一家新公司。”

测试消费者痛点

用一个很简单的方法就能看出你的创业想法是否能解决消费者真正的痛点。归根结底就是：你能否只用几句话就说清楚你的公司要解决的痛点是什么，以及为什么别人应该给予关注？你能否用这个简单的解释说服一个潜在的客户购买你的产品？

如果你能做到，那么恭喜你。你已经遥遥领先于大多数创业者。如果一个创新者或创始人要用几段话才能描述他们的市场或说服潜在的客户，那么只能说明他们的业务还不够精练。

这种方法反向使用也能奏效。想一想世界上一些最成功的企业，同时也想一想在文章例子中已经出现过的公司。对于一些真正伟大的企业，你很可能可以很快地说出它们在做什么，它们存在是为了解决什么样的消费者痛点。苹果之所以存在，是因为人们想享受优雅的技术。Google之所以存在，是因为广告商想更加有效地接触到消费者。星巴克之所以存在，是因为人们对咖啡因上瘾。

约翰·奥谢尔博士推出的自动旋转牙刷为何存在呢？那是因为人们想要更加清洁的牙齿（或更简单地说，人们想要牙齿）。Zipcar为何存在呢？因为人们想要更加简单便利的交通。至于波士顿啤酒公司存在的原因，可能是因为人们想喝上好啤酒，或者是因为他们可能说不清楚的其他原因，例如他们想被看作更加有品位的饮酒者。

如果你无法清楚地表达出消费者的痛点，那么是否非常致命？最终而言可能是这样，但这也直接表明了，你还没有完全形成自己的创业想法。许多杰出的创业者都经历了无数次反复，才为自己的创意找到最好的归宿。所以说，要找到消费者的痛点，也是要花时间的。

商业案例：
找到消费者的痛点

小型制造业公司路易斯·J·汉森，坐落在伊利诺伊州芝加哥近郊西塞罗的一座立交桥附近。公司正是以创始人的名字命名的，这位名为汉森的企业家技术纯熟，已在当地努力工作了几十年，欲将自己的公司变得与众不同。汉森持有数项专利，其中一项就是让砂轮能够精准地对准喷气式飞机的引擎扇叶，将其加工抛光。由此一来，几家世界上最大的航空器制造商很快变成了他的客户。但是这个市场有限，当汉森使市场饱和并小赚了一笔之后，他没有找到这项技术其他的应用方式。他研发的这项精良的技术解决了一个重要的消费者痛点，但是这种痛点只为一小群消费者所有。

在西塞罗东北方向大约400英里外，曲棍球运动员司各特·奥尔森和布伦南·奥尔森两兄弟在一个二手体育器材店，发现了一双陈旧但式样超前的内联滑冰鞋。受到这双鞋子设计的启发，他们尝试了各种各样的方式来改善自己的滑冰鞋，无意中却发现了一种与汉森的方法相似的使滑轮对齐的方式。他们向朋友们提供自制的内联滑冰鞋并成立了自己的公司，命名为Rollerblade。公司的销售业绩大获成功，至少对于一家成立于父母家中地下室的公司来说，他们已经非常成功。到20世纪80年代早期，数千名美国和加拿大的职业曲棍球运动员都穿着他们公司生产的鞋子进行训练。

奥尔森兄弟于1984年将公司出售，买方甚至预见到公司具有更大的潜力。现在，这家公司主要在迈阿密海滩、佛罗里达、威尼斯海滩和加利福尼亚进行商业活动，他们不再是销售内联滑冰鞋，而是让Rollerblade成为一种运动风尚。他们的计划实现了：来自世界各地的人们，甚至是那些从来没看过曲棍球比赛也没滑过冰的人都穿上了

Rollerblade的滑冰鞋，在城市的街道上锻炼。现如今，已有超过3 000万人拥有一双Rollerblade或者类似的内联滑冰鞋。

但是要说明的是：两个企业都是围绕近乎相同的技术创新进行发展。不管是抛光飞机零部件，还是在非赛季时训练曲棍球运动员，或者是在威尼斯的人行道上锻炼，关键在于想出如何让一串橡皮轮在长时间高速旋转时依然能够保持平衡。通过聚焦于不同的客户需求（不论是建造安全的飞机，还是用人们认为优雅的方式保持良好的形体），两位创业者都在不同程度上取得了成功。

这个故事的寓意在于：解决更多人拥有的痛点能获得丰厚回报。如果你确信自己提出了一个很好的创想，再想想通过这个产品你还能解决谁的痛点。找到那个你的产品或服务能减轻的最强烈和最迫切的痛点。这样的想法才能够用来创业。

寻找新的消费者痛点

创造性破坏的过程常常催生出新的客户痛点。例如，在创业者开始制造汽车之前，没有人需要汽车修理工；在创业者发明出个人信用报告来解决借贷问题之前，没有人需要身份防盗保护或信用监控。

在Napster（纳普斯特）盛行的年代里，人们可以通过网络免费共享歌曲，正是在这个时候，苹果首先推出了iPod音乐播放器。但是，人们对这个产品的广泛接受，为苹果带来了一个新的未被满足的需求：消费者想要更快捷、容易并且廉价地获得音乐，但似乎最重要的是，合法地获得。这样就催生了iTunes一款数字媒体播放应用程序，后来成为苹果最成功的产品之一。

同时，苹果设计了iPod，所以只有用耳机（苹果公司的术语是耳塞）才能使用。用户得到了一种转存和播放音乐的绝佳方式，但是却无法大声播放音乐和别人分享。他们又催生了新的痛点，许多其他的公司生产了一些互补产品，如外接播放器、插接站等来解决相关问题。

要注意趋势和创新，但是不要效仿一些潜在的创业者，带着同样的产品匆匆忙忙地进入市场。你应该去寻找每个创业者所催生的新的消费者痛点，即使他已经为另外一个问题提供了解决方案。你肯定会有所收获。消费者痛点是用之不竭的可再生资源。

发现无形需求

许多消费者的需求都是消费者自己无法完全理解或者是难以表达的东西。为什么要选择iPod而不是更加便宜的MP3播放器？为什么要开雷克萨斯而不是丰田？为什么要选择一种牌子的软饮而非另一种？这些问题的答案一般都很少与特性有关，而与外观、感觉和一些不可名状的因素有关。

服装零售商Abercrombie and Fitch（阿博菲奇）2010年的营业收入额约为35亿美元。这家公司源自拥有100年历史的运动商品店。那么它与竞争对手相比究竟有何不同，能让它们的服装定价存在巨大的差异？答案是它们销售的不仅仅是服装，更是一种生活态度和一种承诺。走过它们的实体店，你会看到巨幅海报上都画着长相姣好、衣着甚少的年轻人，他们强化着品牌的形象。你一直以为自己要通过节食和运动保持好身材？他们却告诉你，你真正需要的，不过是一条120美元的牛仔裤和一件70美元的T恤。

如果我们将这种无形的需求看作消费者痛点的一部分，似乎就很容易变得悲观。诚然，有些无形的需求看似愚蠢，但是有很多却是合情合理，甚至是非常重要的。作为一个创业者，这些无形的需求有时恰恰是你需要应对的最强烈的痛点。

价值定位：用盈利的方式解决消费者痛点

假设你已经提出了一个创想，而且对你的产品能解决的消费者痛点也有一定理解。那么要成立一家价值10亿美元的公司，你下一步就要想想自己能否用盈利的方式来解决痛点。你要尽可能精准地算一笔账，提前得知消费者是否愿意以高出你生产成本很多的价格购买你的产品或服务。你要理解自己创造的价值定位。它由 3 个因素组成：

> 生产成本：研发或者生产你的产品或提供服务要花费多少成本？
>
> 消费者效用：你用多少钱来量化消费者对你的产品的估值？
>
> 价格：消费者愿意支付多少钱来获得你的产品或服务？

这很容易理解：你的生产成本越低，消费者效用越高，你的价值定位就越好。你应该尽可能多地创造并捕捉价值。举一个一目了然的例子，假设我们要为一杯咖啡进行价值定位——更确切的是为一杯星巴克豆奶拿铁进行定位。我们需要逐一估算以上 3 个因素，然后才能让它们在一个框架下各就其位。

我们先从生产成本开始，通常这也是你能够最准确估算的一个数据。如果你要销售拿铁，那么你最好应该知道生产拿铁的成本。同样的，如果你要生产电子产品、烘焙纸杯蛋糕或研发社交网络上的游戏，你最好有足够的知识来估算这些产品的生产成本。在生产拿铁的例子中，你可能有一些直接成本，像咖啡豆、豆奶、纸杯和防止烫伤的硬纸套筒等。你也可能会有一些间接成本，像店面里的桌子和椅子，还要针对人们的无形需求进行营销，让豆奶拿铁成为人们渴望的饮品。

那么，星巴克的一杯豆奶拿铁的生产成本到底是多少呢？让我们理性地估算一下，因为星巴克的CEO霍华德 · 舒尔茨（Howard Schultz）不可能和我们分享确切的数据。但是，我们可以做出一个比较合理的推断——这是作为创业者的你在遇到任何问题时应该做的。根据我们的调查和采访，我们估计一杯星巴克拿铁的生产成本约为 1.75 美元。

这是第一步。第二步是计算出消费者效用。换句话说，一杯这样的热饮对于消费者来说值多少钱？这个估算更为复杂。这里涉及的消费者效用多种多样，因为消费者的类型也多种多样。对于一个之前没有试过星巴克豆奶拿铁（也就是说，他不知道自己错过了什么）而怀有轻微好奇心的消费者，他的消费者效用不会太高。他可能会出于好奇花几美元买一杯，但仅此一次。但是，对于喝咖啡上瘾的人来说，消费者效用就高得多了。每天不喝上一杯咖啡，他们就会感觉浑身难受。和新接触到拿铁的消费者相比，他们或许愿意在咖啡上多花 3 倍的钱。

另外，要想使估算更为合理，唯一的途径就是调研。有一个很简单的方法，你可以询问潜在消费者关于拿铁以及其他类似饮品的想法。你可以调查其他地方的类似饮品售价是多少。你可以进行采访或者组织专题小组调研。你还可以提供一些预售产品来了解消费者的可承受水平。关键就在于运用多种不同的策略来观察你是否能获得一致的结果。既然我们在用数字说话，那么在咖啡的例子里，我们假定星巴克的平均消费者效用是 5 美元。（请注意，我们现在还没有考虑会有多少潜在客户，稍后会提到这一问题。在这里，我们只需要知道：如果你是喜欢喝豆奶拿铁的消费者，那么平均来说，这种产品值多少钱？）

我们已经估算出生产成本为 1.75 美元，消费者效用大概为 5 美元。这些估算结果还是很乐观的，因此我们要开始考虑最后一步：最优价格是多少？

决定如何为商品定出最优的价格是个无止境的挑战。你通常需要循环进行几个不同的定价实验，然后才能确定怎样才是最好的方式。通常你想让某件事发生，它就发生了（当然只是通常来说，而并非总是如此）：价格越高，需求越小。当然，要牢牢记住关键的一点，那就是你最后决定的售价应该在你（或星巴克）生产拿铁的成本和对消费者的效用之间。当我们白纸黑字把这个概念写出来的时候似乎很明显，但是，很多聪明有天赋的创业者却无法在效用和成本之间保持平衡。当然，我们不需要为星巴克估算定价，因为我们可以随时在美国街角的星巴克里看到定价：3.85 美元，这个价格就八九不离十了。

还有两件事要考虑：创造的价值和捕捉的价值。如果星巴克生产一杯拿铁要花费 1.75 美元，消费者平均效用为 5 美元，那么星巴克就创造了 3.25 美元的价值。如果它们以 3.85 美元将拿铁卖出，那么就捕捉到了所创造价值中的 2.1 美元。这个例子表明，星巴克的价值定位实现了很好的平衡，这也解释了为什么星巴克在赢利的同时一直受到人们欢迎。至少在这个例子中，基于理性的假设，星巴克为消费者创造了大量价值，它同时也从中为自己赚取了相当可观的一部分。这真是聪明的做法。

但是，我们为什么要花时间和精力来计算价值定位呢？事实上有两个原因。首先，这一过程可以帮助你很快断定自己的想法是否有发展前途，以及是否有赢利的可能性。其次，它也表明了要发展一个边缘性的商业创想，你需要在哪些方面投放精力。在你开始创业之前，这样做能使你更容易发现真正的问题所在：

- 比如说，你的消费者效用和生产成本都很高，那么你有可能需要努力降低自己的成本。你是否包含了消费者认为无用的某些特性？在保证质量的前提下，你是否能考虑使用相对低价的原材料？你能否更有效地接触到消费者？
- 如果消费者效用和生产成本都很低，你或许应该努力寻找另一个消费者效用更高的消费群体。你能找到需求更迫切的消费者吗？是否有办法在成本不大幅增加的情况下提升产品的质量？是否有办法说服存量客户更频繁地使用你的产品以期他们购买更多？
- 最后，如果成本低而效用高，那么你可以考虑你的要价有多少提升空间，以便捕捉更多价值。你当然会因此赚更多钱，但同时你也能成立一家更特别、更稳定且回报更为丰厚的公司。

这些概念在经过阐述之后变得显而易见。事实上它们只涉及简单的数学计算：产品的生产成本是多少？产品对消费者的效用是多少？价钱应该定多少？你能捕捉多少价值？但是，却有大部分创业者直到创业很久后才开始考虑这些问题。记住，PayPal不得不实现产品的转型——也就是价值定位的改变——才得以生存并实现繁荣。即使是罗宾·切斯也是在成立了Zipcar后才发现自己低估了生产成本，以致误算了价值定位。幸运的是，她的客户认为Zipcar提供的服务效用很高，因此有提价的空间，否则公司肯定就要走向破产了。

这些事情都是人们应该提前去思考的，然后再继续自己的计划——不论是开店、整修餐馆，还是用毕生积蓄进行投资或抵押他们的房屋或说服他人投资等等。只有那些最幸运的人可以在短时间内思考清楚并开始行动。

价值定位如何随时间演变

和市场一样，价值定位也会随时间变化，有时候甚至是瞬息万变的。举个例子，《纽约时报》（*New York Times*）曾经是美国无可争辩的最具权威的报纸，它为消费者（像一些读者和广告商）提供了很高的效用。那时候，如果《纽约时报》没报道某件事，那么这件事就相当于根本没有发生过。但现在，竞争对手越来越多，《纽约时报》的消费者效用也必然下跌了。同时，生产的成本却在上升。《纽约时报》绞尽脑汁要在网络上创造更大的收益，因此在几年中反复推出几版《时报精选》（*Times Select*，并且在 24 个月内将封面上的价格提高了两倍。现在看起来，《纽约时报》似乎捕捉了它创造的所有价值。

同时，看一看其他现代信息服务的价值定位。例如：Craiglist 和美国在线（AOL）的《赫芬顿邮报》（*Huffington Post*）。它们都在以指数级的速度快速增长。但它们为消费者提供的多数服务都是免费的。由于后来发现有数百万用户都想登分类广告，甚至是免费投稿，所以它们的生产成本相比之下非常低。在成本和价格都很低的时候，消费者效用就不必太高。

大背景

如果你已经完成了头脑风暴的过程，开始找寻消费者痛点并计算价值定位，这意味着你已经从一个创业梦想家转变成为一个创业实干家。通过严谨地分析你的想法，你所追求的便更有可能是值得的。所以说，并不是想出了一个绝佳的创想就可以成为一个创业者，而是要有勇气去拒绝一些很有吸引力的想法，最后才能找到并追寻那些最有发展前途的创意。

这种区别在创造性破坏的背景下也开始产生一定的影响。熊彼特教授并不只是拟出一个题目，然后留一张白纸让我们自行做文章，也不只是让我们胡乱朝池塘里扔掷石头看看涟漪的指向。作为创业者，我们应该将勇敢并有道德地改善人们的生活方式作为自己的使命。这是一个非常艰巨的挑战。但从本质上来说，这也为你提供了一个成为前瞻性的领导者的机会，让你能在大家都还没意识到问题的时候，就提出解决办法。

因此，你犯错误也是无可厚非的，只要你不会再三地重复这些错误即可。就这么简单。如果皮特·泰尔和他的同事们没有前瞻的眼光，没有改变原来的计划并将公司的重点放在网络交易上，那么PayPal就无法生存下去。如果罗宾·切斯没有重新计算其价值定位，那么Zipcar也会倒闭。

只要你愿意聆听、观察，并预测你的客户将需要些什么，那么你对市场的变化所做出的反应就是正确的。同时，你也提高了自己成功的可能性，而且即使只帮助一个客户解决了需求、结束了痛苦，也能使你得到强烈的满足感。

当然，说实话，你创业的目标肯定不是只帮助一位消费者。你要帮助尽可能多的消费者，并尽你所能创造一个成功的、有影响力的企业。这就意味着你要调整自己的产品设想，这样才有可能获得最大化的市场份额——在下一模块中我们将对这一过程进行阐述。

模块四

“尽早测试，尽早失败，尽早适应。”

——汤姆·彼得斯

Breakthrough

Entrepreneurship

用最低的成本获得最多的信息

生命短暂。你所拥有的机会有限，你所能消耗的资源也不是无穷无尽的。作为一个创业者，你应该尽你所能，将真正好的创意和那些看似不错实则糟糕的创意区分开来。这就是为什么遵循你在这本书中反复看到的原则如此重要，这个原则就是：用最低的成本获得最多的信息。

罗宾·沃伦娜（Robin Wolaner）就为我们提供了一个绝佳的例子。她是美国《亲子》（*Parenting*）杂志的创始人，初期投资只有 5 000 美元。但后来，这本杂志以 200 万本的发行量成为美国出版业的典范。

沃伦娜自 20 世纪 70 年代中期从大学毕业后，就一直从事出版业。最开始她在《阁楼》（*Penthouse*）杂志担任秘书和文案，正是她提出了杂志的口号："并不仅仅是漂亮的脸蛋。”（“More than just a pretty face.”）她后来跳槽到《跑步者世界》（*Runners World*），然后又成为非营利自由主义杂志《琼斯母亲》（*Mother Jones*）的发行人，同时，她还教授与出版相关的课程以补贴收入。在那个时候，沃伦娜不断在思考是否有新的读者群，能否推出新的杂志。虽然她并没有为人父母，但是当身边越来越多的同龄人都结婚生子，她开始意识到自己的机会可能降临了。

“在我为数不多的员工里有 3 个孕妇，”沃伦娜告诉我们，“我的发行负责人就是其中之一，我问她，‘你现在既然已经是妈妈了，那你会读什么杂志呢？’”

这位员工说，基本上什么都不读，而且不是因为没有寻找想读的杂志。有人为她订阅了一本育儿领域最好的杂志《父母》（*Parents*），但是杂志内容似乎陈旧艰涩，她根本就不感兴趣。沃伦娜认识一位出版企业家，他推出了一本有档次甚至是非常有魅力的杂志，叫作《美国健康》（*American Health*），并取得了巨大成功。她不禁思忖：如果他们能够在健康领域推出那样一本杂志，那么我们在育儿领域也能做到。她意识到自己很可能发现了一个非常重要、明了，而且是亟待解决的客户痛点——比如，人们想成为好父母——或者，爸爸和妈妈害怕自己有可能会毁了孩子。

依据自己的行业经验，沃伦娜估计需要筹集 500 万美元来发行杂志。她之前从来没有筹集过一分钱。但是，她遇到了一个钟情于其想法的风险投资家，这个人很快就为她提供了 5 000 美元的启动资金，并将其称作“日常周转的资金”。但他坚持要求沃伦娜在继续筹资和真正推出杂志之前，先大胆地尝试通过直接邮寄的方式进行市场测试。

沃伦娜在最开始非常厌恶这个想法，主要是因为她估计这样的测试要花费 10 万美元，而她并没有这笔钱，但最后她还是同意了。她说服了自己认识的一个直邮高手，让他帮忙收集了 27 份不同的邮寄单。他们在那上面找出了美国各地的孕妇和幼儿的父母。同时，她和一位设计师一道做出了一份模拟的杂志封面和营销包装的样本。

所有事情准备就绪后，他们邮寄了 13 万份样本，这些样本可以分为 3 组。

第一组的问题是，读者是否愿意每年花 12 美元订阅新推出的《亲子》杂志。第二组的问题是，读者能否接受每年花 15 美元订阅，第三组的问题和第二组一样，但是措辞不同，听起来更像是一份具有约束力的合同而不仅仅是一份意向书。

他们获得了大量的反馈，并取得了巨大成功。沃伦娜的目标是反馈率能达到 3.5%~5%；但他们实际上得到了将近 7% 的反馈。不论她提出的价格是 12 美元或是 15 美元，看得出父母都很喜欢《亲子》杂志这个创意。这次成本相对较低的测试证明，《亲子》杂志确实存在很大的市场，而且也为杂志的定价提供了有价值的信息。

但是，这个过程并非总是如此简单。实际上，当我们采访沃伦娜的时候，她也承认这个想法不是一帆风顺、毫无压力的。

"事情并不是很顺利，"她坚持道，"我虽然获得了最多的信息，但是我的信用卡也因此被刷爆。"

不仅如此，为直邮测试而进行筹款也是一段让人压力倍增、痛苦不堪的经历。在将测试材料寄出的前一个星期，她的最后一笔资金还未到位。

即使如此，沃伦娜还是用很低的费用就证实了用户对杂志的需求，这与她开始估计的 500 万美元的花费相比，只不过是冰山一角。她获得了证明需求的相关数据，同时也得到了关于市场规模的关键且有依据的看法。她用最低的成本获得了最多的信息，也证明了她想要创立的杂志很有吸引力。这对她筹集更多资金、发行杂志并渐渐占领育儿杂志领域来说，产生了巨大影响。

回顾流程

在我们进一步深入创业流程之前，先简单回顾一下我们提到的产生并测试一个商业创意的系统方法。创意的产生实际上有 4 个阶段：头脑风暴（我们在模块二中提到过），找到消费者痛点，计算价值定位（我们在模块三中讨论过），证明市场需求（我们将在本模块详细说明）。

在实践过程中，你很有可能会重复以上的步骤，在一次次的重复当中不断地完善自己的想法和创意。你可能想到了一个创意，却发现它不能真正解决某个消费者痛点。即便如此，这个过程可能会让你对希望获得的潜在客户做进一步的思考，从而促使你了解潜在客户到底会把钱花在什么地方。由于发现消费者认为什么东西有用并有助于计算价值定位，因此这个过程可能会让你想出另一个创意，等等。

另外，再在这个过程中加入一个因素，那就是这个过程是持续不断的，在你成立了新企业后仍将继续。在成立企业一两年后再回头看，你可能会发现公司最终的模式已经和你最初的计划大不相同。得到能够引导你的数据是至关重要的，但是作为一个创业者，你却总会觉得时间或资金不够用。那么，有什么解决办法呢？

现在我们把所有因素都列了出来。有一个原则至关重要，那就是：用最低的成本获取最多的信息。

市场到底有多大？

罗宾 · 沃伦娜与时代公司（Time Inc.）成立了合资企业，最终推出了《亲子》杂志。时代公司原本打算自己推出一本杂志，主要面向婴儿潮出生儿的父母，但后来却听说了沃伦娜为此所做出的努力，并且认识到自己已经远远落后于她。

虽然沃伦娜最后取得了成功，但事实是，创业者在估算市场规模时，都会倾向于过于乐观。对于创业者来说，有一条原则非常重要，那就是心存高远，脚踏实地。把目标定为价值 5 000 万美元的市场，最后发现市场份额只有目标规模的 10%，也优于在最开始就把目标正确地圈定在 100 万美元。这里说明了常见的 10% 规则：你将能获得 10% 的市场份额，尤其当你是创业领域的新手的时候。你可能非常走运，获得了超过这个比例的市场份额，但是运气并不依计划行事。另外，创造性破坏的概念也告诉我们，即使你获得了成功，其他的创业者也会进入市场，占据一定的市场份额。在我们向你推荐创业模式，让你复制前人成功经历的时候，其他人也会复制你的成功。长期来看，一小部分公司会占领一个新市场。但是，从中期来看，肯定会存在激烈的竞争。你要为中短期的成功做好计划，这样才能让你长期占据市场。为了达到这个目标，你要试着去理解一个不断变化，而且从未有人涉足过的新市场会提供怎样的机会。

即使市场是动态变化的，但它也是可量化的。你要尝试预测市场的份额，首先要考虑以下 3 个要素：

- 第一，整个市场的潜在规模有多大？
- 第二，新产品的普及率大概是多少？可获取市场规模（TAM）有多大？
- 第三，有多少潜在用户最终会选择你的产品？

计算整个市场的潜在规模

让我们再从纸杯蛋糕店为例，来解释如何计算整个市场的潜在规模。假设你想将风靡纽约城的纸杯蛋糕带到内布拉斯加州的奥马哈市。为了计算出第一个要素——整个市场的潜在规模——你可以先估算这个城市的人口。根据美国人口调查局的数据，在 2008 年，奥马哈市人口将近 43.8 万。

通常来说，找到这些数据的关键，就是深入调研和果断自信。在某个地方肯定能找到你需要的信息，而且可以通过符合道德的途径获取。你甚至可以直接问那些传统面包店的老板有什么想法——如果能获得他们真实的销售数据就更好了。你可能会惊讶于他们愿意和你分享那么多的信息。或者，你可以打电话给你将来的供应商，问问他们的估算是多少。你可以查查奥马哈市已经有多少家面包店，推算每一家面包店的生意如何，然后再计算出最后的结果。或者，你可以观察其他城市的情况，看看他们能卖掉多少纸杯蛋糕。不管怎么样，基本原则就是发挥创造力，使用多种方法来估算信息。

假设基于调查，你的结论是，在奥马哈每 9 个居民中，就会有 1 个人每两周买一次甜点——不一定是买纸杯蛋糕，可以是任何一种甜点。这样计算，你得到的客户数量是 48 666 个客户（用 43.8 万除以 9）。如果你估计他们每次购买甜点时平均要花 10 美元，简单地计算一下，你就可以得出奥马哈市每年的甜点市场销售额约为 12 653 160 美元（48 666 个顾客 ×10 美元 ×26 周=12 653 160 美元）。

或许你会意外地发现纽约式的纸杯蛋糕在奥马哈非常流行并且大受欢迎，因此市场甚至比之前估算的更大。但在这里为了简化计算，我们将整个市场的潜在规模定在 1 250 万美元。

普及率和可获得市场规模

第一步已经完成了！接下来，你要算出在那个潜在市场中普及率可能达到多少。换言之，在 48 666 个甜点爱好者中，有多少人会为了你的纸杯蛋糕放弃他们以前的选择？同样的，你要试着用恳求、借用或者除了偷窃之外的一切办法来获取这个数据。你可以组织一个专题讨论小组，在已存在的面包店附近采访潜在的客户，或者在街角架一个临时的摊位，出售或者免费赠送纸杯蛋糕，并观察人们的反应如何。或许，你可以观察一下风靡纽约的其他趋势在奥马哈市的普及程度如何。

或者，作为起点来说，你可以看看纸杯蛋糕店在其他城市是否获得了成功。我们假定在表现比较好的市场如纽约，70% 的人都会购买纸杯蛋糕，在表现比较差的市场如洛杉矶，只有 26% 的甜点忠实爱好者会接受纸杯蛋糕。不管怎样，你想得到的应该是合理可靠的预测结果——尽量和真实情况接近。但你永远不会得到确切的数据，不过这没关系。记住，你现在计算的是一个范围，所以肯定不可能是确切的数字。但大概正确总比完全错误来得好。

在这个例子中，我们可能会这样计算：最好的情况是，你能在奥马哈市获得与纽约一样的普及率，即 70%。那么整个市场规模就是 1 250 万美元乘以 70% 所得到的 875 万美元。在表现差强人意的市场，像洛杉矶，你的市场普及率只有26%，所以得到的市场规模是325万美元。注意，我们在这里实际是利用更为准确的潜在市场规模，来更精确地估算可获得的市场；依据这样的算法，最后就得到了“奥马哈市的纸杯蛋糕产业”能获得的收入。

预测获取消费者的数量

你可能会觉得这个结果还不错，在奥马哈市的纸杯蛋糕产业可以赚325万~875万美元！但这还不是最终需要得到的结果，你要进行最后一步计算：在估算的市场规模中，你能获得多少顾客？如果奥马哈只有你一家纸杯蛋糕店，而且你能提供美味的蛋糕和良好的服务，并且营销手段也很吸引人，那么你就有可能会占据潜在市场的一大部分。但是要记住，创业者通常会高估市场规模和他们能获取的市场份额。如果你成功了，你的纸杯蛋糕开始热销，你基本上可以肯定其他人也会进入这个市场和你竞争。

当你进行最后一步计算时，要记住，并不是计算你是这个市场中唯一的参与者时的市场占有率。你需要看一看在竞争的条件下是什么情况——也就是，当其他的参与者共同竞争时你的市场占有率。在这里，你可能会用上10%规则。或许你的市场份额会超过10%，但是在早期就做出这样的估算是很危险的。同样的，为安全起见，特别是作为第一次试水创业的人，你最好充满信心，相信即使只占有10%的市场份额，你也能够存活下来。

那么，我们对奥马哈市纸杯蛋糕市场估计的结论是，一个市场份额占10%的创业者，每年总收入在32.5万~87.5万美元之间。当然，对于成本和盈利的计算也非常重要。它们最开始由价值定位来计算，但后期需要运用更为完整的财务模型帮助计算。但就现在而言，在奥马哈开一家纸杯蛋糕店似乎还是有利可图的。

市场规模再说明

预测市场规模非常重要。因此，我们觉得有必要再举一个例子来说明。对于市场规模的预测很简单，但是却只有相对少数的创业者会提前做预测，而缺乏这种预测正是失败企业的常见原因。事实上，专业投资者对这种现象早已司空见惯，创业者通常认为，他们的创意非常出色，因此总体可获得市场规模等于“所有人”。创业者不了解计算市场规模的步骤，所以他们全凭大胆猜测：如果我们能让1%的未满40岁的妈妈，或者素食主义者，或者中产阶级的印度人来买我们的产品——这些创业者假设——我们就会大赚一笔。可以想象，由于预测过程并不严谨，你很难说服投资者来支持你的企业，而且他们不给你投资，似乎是做出了正确的选择！

为了说明这个问题，让我们来看一看约翰·奥谢尔在计算那款中档价位电动牙刷的市场时可能经历了哪些步骤。

首先，计算这种中等价位电动牙刷总体潜在市场规模。当奥谢尔成立他的公司时，我们假设有2.5亿美国人到了需要使用牙刷的年龄。如果我们假设平均每人每年会买6支牙刷，每支平均3美元，那么计算出来的总体市场潜在规模就是45亿美元。（2.5亿人 ×6支牙刷 ×3美元）。

其次，计算这种中档价位的电动牙刷可能的市场普及率。为计算简便起见，我们假设奥谢尔得出的结论是，每年有12.5%的美国人都有可能放弃之前的低科技手动牙刷，而选择电动旋转牙刷。设想他是怎样得出这个结论的呢？也许他组织了专题讨论小组。也许他观察了健康美容领域其他新兴中档产品的普及率。记住，这种估算不是一门精确的科学。消费者有可能每年会买一支以上的电动牙刷。或许电动牙刷还有提价的空间。不管怎样，12.5%的市场普及率比较中肯，这相当于总体可获得的市场规模是5.625亿美元。

最后，在这样的市场规模中，奥谢尔能获取多少呢？他可能会希望，他的市场占有率在头几个月达到80%或90%，因为他会是唯一有影响力的中档电动牙刷的制造商和销售商。但他也非常睿智，他知道如果这个市场发展强劲，像宝洁和强生这样的快消品巨头肯定也会推出自己的产品，进入市场与之角逐。其他小的创业公司也会试图复制他的成功。最好的情况是，奥谢尔希望在市场稳定下来后，他能占据40%~50%的份额。那么取一个中间的额度，他的目标是整个市场规模即5.625亿美元中的45%。（在这里应用10%规则，奥谢尔每年仍能获得5 600万美元，这个市场依然是有吸引力的。）

最后的结果是，奥谢尔的公司每年销售价值2亿美元的SpinBrushes电动牙刷，取得了惊人的成功。

避免糟糕的机会

有时数学计算也不奏效。例如，假设你观察到纸杯蛋糕风靡纽约，但觉得现在加入为时已晚，因此决定要寻找还没有传播到其他地方的流行趋势。你可能会想到碎丁沙拉餐馆，在我们写这本书的时候，这种餐馆在纽约似乎十分受欢迎。

你观察市场时可能会得出几个有意思的结论：人们通常会很快吃掉买来的沙拉。他们不一定会一整天都想着要吃沙拉。浏览一些数据你就会明白，碎丁沙拉餐馆的可获取市场和其他餐馆或者一般食品的可获取市场存在一些差异。如果一切顺利，中午时段是碎丁沙拉餐馆的销售高峰期，大概是从每天中午十一点半到下午一点半——如果那是你每天唯一的销售高峰期，那么你每周的营业时间只有10~14个小时。这样看来，碎丁沙拉这笔生意突然显得缺乏吸引力，特别是在还要和其他的市场参与者竞争的时候。或许，在人口非常稠密的城市地区生意还不错，但是在人口稀少的郊区地带，做碎丁沙拉就不存在经济效益了。

像这样的市场规模计算，会很快将你的注意力从直觉转移到现实数据。（在纸杯蛋糕的例子当中，你或许会有一种富含卡路里的食物直接掉到肚子里的感觉。）很多人都喜欢甜食和流行的东西，所以一眼看上去很容易理解，为什么纸杯蛋糕（还有电动牙刷）可以站得住脚。而碎丁沙拉却让人“觉得”有些地域局限性。在奥马哈或纽约为了一盘沙拉而放弃三明治的人比例是否相似呢？

但是，这个计算的意义——或者说这本书的意义——就在于让你避免凭直觉行事，而要尽量使用实实在在的数据。你越是能这样做，越早开始这样做，你就越有可能尽早找到那个正确的想法，从而成为一名成功的创业者。

市场的可扩展性

当你考虑市场规模的时候，还有另外一个概念需要思考：市场的可扩展性。

新企业想要实现增长似乎是显而易见的事，但是，如果这种增长没有得到有效管理，就会很快拖垮整个企业。所以，你应该尽可能地调查：你的公司扩展得怎么样？如果你对增长的估计相对保守，但结果却显示消费者的需求很高，那么这是个不错的结果。但是，有一点非常重要，当你的公司不断壮大，你的总收入和净利润是否也在增长？还是说，做大企业之后反而会让你的利润下降？

市场的可扩展性大部分都取决于固定成本和可变成本。例如，微软的核心业务具有很强的扩展性。在为研发并营销最新版的微软办公软件（Microsoft Office）投入资金后，每多生产一个这样的程序，只会花费公司几美元，但是，它们最后在市场上的定价却可以达到400美元左右。再以其他行业的一家成功的公司为例：本田汽车公司（Honda Motor Company）在汽车业务上有巨大的固定成本。在第一位购车者拿到钥匙、闻到新车的味道之前，它的设计、制造和营销就已花费上亿美元。另外，它的可变成本也很高——每一辆车真正意义上都需花费数吨原材料、多个小时的人工以及昂贵的交通成本。

相比较而言，汽车行业的可拓展性一点也不强。每辆车的边际利润低，所以成功的关键在于批量生产，大量定制，并且集中精力生产一些高利润的产品。

训练自己以这样的方式思考，你自然而然地就能比较准确地预测一个行业的扩展性。Paypal的情况如何呢？它的设计系统花费的固定成本高，但是，每新增一个客户基本上不会花费任何成本：因此它具有高度扩展性。纸杯蛋糕呢？租门面和购买设备可能在公司起步时花费一大笔资金，但是每烘焙一个纸杯蛋糕的成本并不高。因此纸杯蛋糕具有中等扩展性。

但同时也想一想这些公司：每天都有人在美国成立这样的公司，但他们最后得到的却是差强人意的结果。人们开饭店或者从事服务行业的其他领域，不管是开法律咨询公司还是理发店，通常都有一笔大额的固定成本——例如长期租金，另外，教育培训和认证可能会花费数万或数十万美元。但是，餐厅的营业时间有限，餐馆里的座位也是有限的，要增加人手或空间都意味着要花费很高的可变成本。这些行业确实在某些方面存在吸引力，但扩展性通常不是其中之一。

商业案例：
用最低的成本获取最多的信息

名为亨利和让的两个法国人同时想到了一个商业创意。他们都是面包店里出色的巧克力制作师，他们的客户都劝他们开一家属于自己的店。有些人还说要给他们投资。

亨利在时尚地区的一条繁华街道上找到一个刚刚空出来的门面，条件很好，他签下了这家店面的租约。一些曾经鼓励过他的顾客，在真正需要投资的时候却退缩了，但亨利还是利用自己的积蓄和信用卡撑起了这家店面。他的预算虽然有限，但还是有能力花上千美元将店面装修得十分精致，同时还能印发宣传资料，并雇上几个人手。他的店正式营业了，他很骄傲也很兴奋，完全相信自己的巧克力会热卖。

让却采取了一种较为谨慎的方式。他在离亨利一英里远的地方找到了一间暂时空置的门面，经过协商，他签了两个月的初期租约，并花了一点钱整修门面。他挂上了有质感的丝绒窗帘，从以前营业的珠宝店重新装修留下的物品中选了些玻璃展示柜和灯饰。他利用有限的预算尽可能地将店面装修得精致。

快进几个星期：见鬼！事实证明，经营一家高端的巧克力店比两个创业者想象的要难得多。

两个月店面租期过去后，让的结论是，对于售价5美元和8美元的巧克力，市场是很有限的。于是他关了门面。他遭受了一定的损失，但也不是灾难性的——仅仅是几个月的时间和几个月的租金——而且，在他仔细思考了下一步之后，很快又找到了一份面包师的工作。但是，亨利的处境却更加艰难。他已经签下了长期租约，而且起步费用也比让高得多。8个月后，他没有了房子、背上了沉重的债务，而且身心俱疲。

这个故事听起来似乎非常悲惨，但还是有积极的一面。两位创业者都学到了关于市场的宝贵经验，而且他们也认为失败不是自己的终点。在几年之内，他们都成立了更加成功的企业。关键是他们都吸取了教训，那就是用最低的成本获取最多的信息。如果你注定要失败，那么应该尽早、在还没受到严重损失的时候失败。

5个获取最多信息的策略

读完这本书，即使你什么都忘了，但我们希望你至少记得：用最低的成本获得最多的信息。（如果你还没有因为听厌了这句话而翻白眼，那就证明我们提的次数还不够多！）

在你找到真正能帮助你建立起一个成功企业的创意之前，很有可能你需要验证很多创意。所以目标就是能快速地在很多创意中去粗取精。你怎样获取所需要的信息？如果你不知道从哪里开始的话，下面是5个几乎放之四海而皆准的策略。

第一，进行采访。找到潜在消费者并向他们询问所面临的挑战、他们的动机以及解决这个问题对他们的重要性。通常在这种情况下，去随机采访目标客户群，要比采访朋友和家人更好，因为朋友和家人可能会出于礼貌或者考虑你的感受而修饰自己的答案。（如果一些朋友因为嫉妒而隐藏自己的答案，那么你应该再去交些新朋友！）

第二，咨询专家。找到一些在你的目标行业中已从业多年的人，或者是过去曾经尝试过相似想法的人。除非你们要成为直接竞争者，否则你可能会惊讶于有这么多知识渊博的人愿意奉献出他们的时间。

第三，组织专题讨论小组。这些活动不一定非常正式，让每个人都必须坐在会议桌前，然后你坐在单向镜后面来观察他们的一举一动。当然，这样做也没什么不对，只不过可能会增加你的开支。与直接向他们提问相比，如果你可以让几个潜在的客户或其他人互相交流，你能够观察到的东西会更多。

第四，尝试销售你的产品，即使是在你开始生产之前。当然，这里涉及一个道德甚至是法律问题，那就是不能在知道自己无法兑现承诺的情况下拿别人的钱。但至少你可以观察人们是否对你的产品感兴趣。最好的情况是，在你真正投资之前，就有客户愿意出钱买你的产品。这就是你能得到的最好的信息。

第五，请人们投资于你的想法。即使你认为还没准备好接受他人的投资，或者你觉得根本就没有必要这样做，那些有意愿投资的人也总是会问你一些最为刁钻的问题。你最好在开始创业前就把所有问题的答案仔细思考一遍。

记住，你想要得到的是反馈——但除此之外，你也在寻求那个能使你的潜在客户和投资者感兴趣的伟大创意——在你的产品或服务面世后，他们会真正兑现承诺，支持你的创意。这就像他们谈到早餐时所说的：鸡提供鸡蛋只牵涉一点利益问题，而猪提供火腿却需要全身心投入。

大背景

Breakthrough

Entrepreneurship

我们必须强调，在你继续行动之前，有一点非常关键，那就是你一定要将这几个核心概念烂熟于心：头脑风暴后提出创意、找到消费者痛点、计算价值定位，以及计算市场规模——同时还要兼顾用最低的成本获取最多的信息这一原则。做好这一步，就可以让你建立起坚实的基础，而一大部分创业者都没有打好这个根基。在开始的时候就打下坚实基础，可以帮你做好下面几步——建立并领导一支强大的团队、调集资源，以及做好我们将在本书中提到的其他事项——也更有可能保证你的企业获得成功。

因此，要不断地问自己：事实在哪里？数据在哪里？你有没有给潜在客户提供有价值的东西？你利用资源的方式是否最有效？你的想法是否真的很有优势？你是真的想成就一番事业，还是只想快速致富？

这确实是一个没有尽头的过程，它可能充满困难、充满压力，杰出的创业者会在这个过程中获得深深的满足感。按照这个框架一步步来，你就会有强大的自由市场力量作为后盾。

如果你真的相信自己想到了一个有用的创意——如果它真的能够创造价值——那么你几乎有道义和责任去继续深入调查

这个创意。可以肯定，如果你尽心尽力地调查了，你就会找到自己的第一个创意——那个最适合由你来实现的创意。创造性破坏就是这样起作用的，它会让你从一个有创意的局外人变成实现某个创意的最佳人选。

你要不断问自己的问题是："这真的是属于我的那个创意吗？"

模块五

“我不会试图跳过七英尺的障碍，而会去寻找我能轻松跨过去的一英尺障碍。”

——沃伦·巴菲特

Breakthrough

Entrepreneurship

相对优势、商业模式和执行力

从构思创业到真正实践创业的时机何时到来？只要你应用了前3个模块中提到的创意产生和评估的框架，你就很可能会渴望开始行动。但在你行动之前，冷静地问问自己，你是否真的将自己的创意精炼到让成功的可能性足够大呢？你一生中的机会数量是有限的。因此测试、测试、再测试会让你成功的概率更高。聪明的创业者全心全意地投入到他们的企业中，但是，他们只有在降低了风险并为自己创造了足够大的优势之后才会这样做。

回顾一下创业者在评估新创意时应考虑的两类风险：商业风险和技术风险。真正好的创意本身就包含了降低上述两种风险的策略，但是，几乎所有创意都能受益于减少风险的策略。当你即将致力于创立企业的时候，将你的精力集中在减少风险、创造优势、超过潜在竞争对手这些方面。

在我们这几年遍访的数百个创业者中，有一位却是与众不同的。1987 年，一位名叫阿敏 · 库利（Amin Khoury）的资深投资者兼企业家想要找到一个行业，让自己能够成立具有巨大竞争优势的公司。

“我想过试着去找一个竞争环境整体上可控的行业，”他告诉我们，“也就是说，在这个行业中，我不用去和那些拥有雄厚资金和技术的行业巨头去竞争……我想在还有成长空间的行业里发展，让我有可能在未来会成为这个行业的佼佼者，而且随着时间的推移，进入这个行业的门槛会越来越高。”

他在航空业的一个细分市场找到了自己的答案：为飞机客舱提供装备的公司。

例如，事实证明，商业飞机上无法使用标准的咖啡机。这类飞机必须按照要求使用美国联邦航空管理局（FAA）认证的咖啡机型号，从而保证咖啡机不会在 3.4 万英尺的高空发生短路从而引发火灾。如果对咖啡机的生产都多加管制，可想而知，对于更加具有整体性的机械零部件会有更加严格的要求。

一些创业者可能会把监管环境看作不可逾越的难题，但是库利却将它视为良机。他召集了一个投资团队，买下了一家他所谓的小公司——“一家营业收入只有 200 万美元的小公司”——这家公司生产的是FAA 认可的产品。然后他又开始收购自己的竞争对手。

通过收购和有机增长，他的公司现在的规模已经很大。除非你曾在航空业工作过，否则你可能从来都没有听说过库利的公司，这家公司名为B/E航空，但是库利的商业模式包含重要的竞争优势。政府的监管、库利公司的规模、他和客户建立的关系以及B/E航空提供的一站式购物模式，这些因素都让他的竞争对手难以匹敌。换句话说：想要设计并销售一款更好的咖啡机？没问题。只要将你的设计和原型交给FAA测试，你的产品就有可能在飞机上出现——但可能得等 5~7 年才能实现。

“通过合并企业、减少竞争，并对我们的信息技术部门做一些改良，”他解释说，“我们抢占了很多市场份额，并实现了成功经营。现在我们的公司很成功，去年的收入大概是几十亿美元。”

每年的收入达到几十亿美元。还不赖，对不对？但是，如果你在进入一个行业的时候并没有那么多已经存在的优势该怎么办呢？在没有那么多优势的情况下，你可以使用哪些策略来创造出竞争优势，并增加企业成功的可能性呢？

创造竞争优势

哈佛商学院的迈克·波特教授提供了一个很有用的框架，可以帮助理解为什么一些企业比另一些企业成功。波特教授指出了 5 种会威胁到每一家公司的竞争性力量，同时也探究了怎样通过抵御这些力量，来获得优于竞争者的持久性优势。我们将以他的经典学说为指导，看一看你在思考商业风险时，应该考虑哪些最重要的问题。

第一，有没有足以将其他的竞争者拒之门外的门槛？这是库利的B/E航空公司如此吸引人的部分原因。当然，其他的门槛包括巨大的沉没成本或行业领先者建立的品牌价值，或者你或你的竞争对手可能封锁的分销渠道。

第二，当有竞争者存在时，竞争到底有多激烈？你是否要进入一个要与很多竞争对手硬碰硬的行业？或者说，你是否发现了一个可以让你有些许喘息空间的特殊行业？

第三，其他的产品或服务完全取代你的行业的可能性有多大？你必须仔细想想，自己解决的消费者痛点是否很快就要过时了。

第四，客户的议价能力比你强多少？你的客户是否仅限于几个大客户？就像汉森工业（Hansen Industries）用其轮子接合的流程瞄准航空市场时所面临的局面。或者，你更像销售Rollerblades牌直排滑轮的公司，可以将自己的产品卖给数百万的健身爱好者？

第五，你的供应商的议价能力如何？你是否必须得使用一些不可替代的材料？你确定能长期以合理的价格获得这些材料吗？

你越是频繁深入地思考这些竞争性力量以及它们对你创业的影响，结果就会越好；你如果还能利用它们建立起自己的优势，让潜在竞争对手无法与你竞争抗衡，那就更好了。就像他们所说的，挖一条壕沟，为你的新企业创立一个优势。下面是你在起步阶段可以用到的一些策略。

形成关键联盟

实力雄厚的公司通常有一些内在的优势，可以阻止原本非常有潜力的创业者进入市场。因此为什么不反过来想想呢？找到一个不在你的特定市场内的大企业，和它结成联盟，以此建立自己的优势。听起来是不是难以理解或者缺乏理性？但罗宾·沃伦娜和时代公司成立合资企业推出《亲子》杂志却正是采取了这一策略。

这个策略几乎在任何一个领域都屡试不爽。所以，在不必要的时候，不要去和大企业硬碰硬；让它们跟你合作。假如你要在某地开一家餐馆。或许你可以努力成为当地唯一的供应商，为人们提供某种特定品牌的食品——或者，苏打水、啤酒、红酒、甜点或其他。这是小企业常用的策略，它们会成为大企业的“指定分销商”或“指定合作伙伴”——这几乎在每个领域都能看到，不管是手机行业或汽车机械。只要条件成熟，与大企业联盟能变成一个强有力的优势。

建立强大的资金后盾

如果你一直以来有良好的信用记录或者你已经拥有一大笔资金，一切不就变得简单了吗？当然，资金并不是所有的因素。一些资金充足的公司傲慢的态度和一些融资情况良好的公司遭遇失败的例子足够我们写一本书了。但是，手里拥有一大笔资金确实会成为一个很大的优势。

例如，特斯拉汽车公司似乎曾一度到了几乎破产的边缘，但后来它巧妙地说服了美国政府，表明制造一辆电动汽车对美国的经济和环境都十分重要。结果美国能源部给特斯拉贷款4.65亿美元，因此特斯拉才有资金建造工厂，并生产出S型电动汽车。有了政府的担保，公司通过首次公开募股筹集了更多资金，并且获得了来自丰田的投资。

寻找投资有时候非常困难，但是如果你有数据能说明自己可以战胜商业和技术风险，那么你就能吸引各种各样的投资者。在当今的世界里，有很多投资人和投资机构都在寻求去投资一些伟大的新创意。每个人都梦想着自己能给下一个微软或Google投资。如果你真的有一个很好的想法，而且可以让正确的人相信你能够执行这样的想法，那么在最开始的时候就能为自己的公司赢得足够的资金支持，可以让你比竞争对手多一个显著的优势。我们会在下面某个模块中详细谈谈怎么做。

建立积极的形象

如果你真的为一个真真切切的消费者痛点提出了绝佳的解决方案，那么甚至在你推出产品之前人们就会想听你说说。因此有可能在你推出产品之前就建立了良好的口碑。想想罗宾·切斯是怎样为Zipcar赢得一群忠实信众的——在第一辆绿色的大众新甲壳虫上路不到几天，她就接到了来自美联社和美国国家公共广播电台的电话。另外，罗宾·沃伦娜在开始写杂志第一篇文章之前，就获得了上千名想订阅杂志的消费者的姓名和联系方式。

在今天，能被华尔街日报（Wall Street Journal）或者科技博客TechCrunch报道或许是件很好的事，但是能让几百个人在Twitter（推特）上热议你和你的公司也是件不错的事。市面上有很多关于如何公关或者是针对媒体公关的书籍。如果你想要用你的故事或者产品去打动某个记者，那么就要像对待顾客一样对待他们。问问你自己：他或她的痛点是什么？寻找一个方式让你的故事成为一个解决方案。记者们要写读者感兴趣的文章——例如里面要穿插一些冲突、名人、反常的人类行为和政治因素等等。如果你能对时下的公众辩论或者对有争议的话题发表点见解，或者你能够将自己的故事和一些时事或者某些受时间驱动的事件联系起来，那么你就更有可能获得免费的媒体报道。

招聘强大的团队

我们之后会详细阐述怎样招聘一支最好的团队，但是在这里只需要认识到：招聘优秀的团队可以成为你的主要竞争优势。聘用一些能做实事的人，而不是只会空谈概念的人。即使他们刚刚开始工作，也要仔细观察这些潜在员工之前的经历（说真的）：他们在高中的时候玩什么运动或参加过什么活动？他们是否具有团队精神？即使是现在，他们业余生活中喜欢做什么？如果你发现某个人喜欢跑马拉松或者参加全能比赛，那么你就很有可能找到了一个意志顽强的人，他在缺乏外部鼓励或者奖励的时候依然能够保持动力十足。

但是，选拔人才时最重要的一点还是，这个人是否真正适合你的公司。你应该雇用一些能够在技能和处事风格上互补的员工。例如，一家顶尖的连锁酒店要为其管理培训项目招聘新人，那么它可能不太会去关注这些申请人的分数或者是在大学里主修的专业，而会更多地去关注这些申请人是否在兄弟会或姐妹会中特别活跃。如果申请人曾经担任过这种组织的负责人，那么他们会格外有吸引力，而且也可能会很适合这份工作。这里的逻辑是这样的：如果你很享受也会很有效率地为大学生组织社会活动，那么你很有可能也会去服务客户并学着管理酒店。

先发优势

许多创业者最初只考虑一项竞争优势，那就是先发优势，也就是在其他竞争者进入市场之前就赢得客户。在理论上，这个策略还不错，但是在实际操作中，这样做的成本可能很高，也有可能会违背用最低成本获得最多信息的原则。仅仅将先发优势想成一个优势吧。它并不是整体策略，而且第一个带着新产品进入市场的创业者并不总能存活下来。

我们已经讨论过了一个最近的例子：互联网社交网络。目前美国最大的互联网社交网站是Facebook，但是Facebook并不是第一家进入这个市场的公司，许多公司早在它之前就进入了这个市场，像theGlobe.com、SixDegrees.com、AOL、Friendster、MySpace等等。

要创造竞争性优势还有其他多种方式。你可以集中打造一种加强式的用户体验。你可以通过种种方式利用或建立社会认同——从通过在社交网站上“造势”，到使用当初打动你买这本书的一些宣传和赞美策略进行推广。基本的原则就是，创造竞争性优势是创业过程必不可少的一步。如果你认为自己无法在既定规则的竞争中击败对手，那么就尝试着去改变游戏规则，最后，让对手根据你的游戏规则来竞争。

商业案例：
一个非先发者的优势

你现在的手机提供商是哪家公司？是威瑞森（Verizon）？还是美国电话电报公司（AT&T）？实际上现在的一些行业领先者在市场初期都不是以现在的形式存在的。20世纪80年代，一些先发者占领了市场并吓走了竞争者，但自那以后，它们不是进行了一些整顿、就是被挤出了行业，甚至走向了消亡。第一家与美国民众打交道的手机公司是美国科技（Ameritech），这家公司在1983年由贝尔系统（Bell System）解体而来。它占领了整个市场，但它只在芝加哥这一个大都市地区进行运营，这与美国联邦通讯委员会（FCC）当时对手机频率的分配有关。美国科技和其他一些相似的公司进入市场的时间比一位名为克雷格·麦考（Craig McCaw）的企业家早了7年，但这位企业家购买了许多城市的区域许可证，并将它们连接起来，建立了Cellular One公司，形成了美国第一个真正的手机网络。

关于手机的故事还不止如此。麦考后来将Cellular One的手机网络卖给了AT&T，然后在1994年，他又将最初的做法重复了一遍。他买下了FCC原本分配给一种对讲机服务的频率，然后又在这一频率上加入了传统的移动电话服务，他的新公司Nextel几乎是在一夜之间就建立了全国性的移动电话网络。这是一招妙计，是Nextel击败竞争对手的内在优势。Nextel不仅第二次建立了全国手机网络，而且一些法律法规也让其他竞争对手难以复制它的成功。

或许你会想，如果哪个创业者想创建一个新的电话网络，要和其他已经根深蒂固的市场领先者叫板，那他一定是疯了。但是美国的行业历史告诉我们：后来者居上，新的市场参与者已经一而再、再而三地胜过了那些先发者。假设所有条件都一样，那么是不是第一个就更好呢？或许是，但是所有的条件很少有一样的时候。其他的优势最终会成为改变局面的因素。

降低技术风险

我们之前讨论价值定位计算的时候提到过，之所以这样做，原因之一就是帮助你将精力集中在需要提高的地方。例如，当我们通过计算一杯豆奶拿铁的价值定位演绎生产成本的时候，我们实际上是在检验生产拿铁的技术风险。将这个计算公式拆开，来看看怎样减少技术风险，能够帮助任何一家企业建立所向披靡的竞争优势。

测量技术风险有时候非常简单。如果你希望建立一个简单明了的零售网站，你只需要看看其他领域里成千上万的人怎么做，然后对最好的实践方法进行模仿即可。

但对于其他的新兴企业来说，技术性风险就没那么简单了。如果你所追求的创意需要更新或者不那么普通的技术，那么将事情分阶段来看或许会对你有所帮助——如试验阶段、原型阶段，最后是大规模生产阶段——在每个阶段都要思考自己的企业有多大的发展前途。我们来看看这意味着什么。

不管你是要应用一个高科技含量的制造流程，还是要成立一家以人力为中心为客户提供服务的公司，你都需要注意两个自然的趋势。一个是提高效率。这一趋势通常在不断扩大企业规模时对你有利。另外一个是减少产出。在你粗心大意时，这一趋势常常会损害你的利益。

你希望能在扩大规模的时候提高效率，并且同时保持甚至是提高产品的质量。但不幸的是，即使你表面上似乎能够更有效率地提供产品和服务，但产品质量还是很有可能会下降。

我们用一个简单的例子来说明问题。假设你要成立一家咨询公司或者一个提供专业服务的公司，像律师事务所或会计师事务所，你在获得新客户的同时，效率也应该要提高。例如，你不必为每个新客户都创立一个新的收费系统，例如，你为一个客户做的工作至少有一部分与另一个客户的重合。但从另一个角度来说，一天只有24小时，因此质量还是有可能打折扣。如果你把时间分给3个客户，那么每个人获得的注意力和照顾，肯定要大于你分给10个或20个甚至是50个客户的注意力。

这种情况突出了不同的商业创意相对吸引人的一面。从本质上来说，一个人只能用两种方法赚钱。一种方法是你可以出租或者变卖资产，包括钱本身。（聪明的读者会注意到，通过股票或债务的形式，借贷或者出售别人的钱可以帮我们赚大钱。）另一种方法是你可以将时间借给他人或出售给他人——不论是作为一个全职雇主，还是成立一家按小时服务收费的企业。当然，如果你是以出售时间来赚钱的，那么你每个星期也只有168个小时。

关于在公司扩大规模的同时促进效率、保持质量这个话题，市面上有很多书，也有一些帮助实现这一目的的行业应运而生。我们特别推荐爱德华兹·戴明（W. Edwards Deming）和彼得·德鲁克（Peter F. Drucker）的著作。大型组织在采用结构化的质量管理过程中，经历了艰难的曲折才开始使用ISO9000、QS9000以及六标准差管理策略等一些标准。在成立一家企业时，你自然要关注提升产品和服务的质量。实施大规模的质量管理看起来似乎是要杜绝一切差错。但是，从大公司的经历中学习经验并在扩大规模时建立起一个能保持并提高产品质量的架构是非常值得的。

测试并衡量技术性风险

如果你想快速了解什么是技术风险和质量控制，那就想想一部老电视剧《我爱露西》里的场景：露西和朋友艾塞尔在一家糖果工厂做流水线工人。由于无法跟上流水线的速度，她们开始偷吃传送带上的糖果，或者将糖果塞进衣服里。

在你扩大企业规模的时候，想一想露西。人们都会犯错误。流程也会出故障。因此不可避免地会产生一些无用的东西。你的产出率——也就是在经过生产流程后，质量足以达标的产品比例——将会随着规模扩大而逐渐缩水。

例如在半导体行业，在早期的芯片制造试验中，低产出是可以容忍的。如果你是一名律师，时不时也会因为眼花看错法律文件中的标点。如果你开了一家纸杯蛋糕店，偶尔也可能会烧焦一批蛋糕。

那么，我们应该怎样应对这种情况呢？首先，即使是在创业的初期阶段，你也需要提前想一想要用的流程和保证质量的方法。这问题是贯穿始终的，不论你是在实施一个正式的质量保证策略，还是列一个简单的待办事项清单，都要进行思考，这样才不会在提高产品质量或与客户打交道的过程中忘记什么事。

通常，你也要提前用最低的成本找出关于你可能面临挫折的最多信息。要解决这个问题，你可以在创业之前去采访这个行业中的其他人，或者进行调研。再次强调，调查、调查、再调查。你几乎可以找到任何行业的一些不公开或者公开的产出率。你能越早地预测自己的潜在产出率，对你来说形势就越有利。

客户获取成本

如果你想减少商业风险（同时创造优势），就会遇到一个许多创业者都欠缺仔细思考的问题：每增加一个新客户的花费是多少呢？不论在创业的哪个阶段，不论你是初出茅庐，还在考虑创业，抑或是你的公司已经运营了数年，理想情况下，你应该很快能将上面的问题算个大概。

忽视客户获取成本是可以理解的，也是创业者常见的错误。如果你的商业想法解决了客户的真实痛点，那么你可能假设客户会纷至沓来。但问题是只要增加了新客户，就会产生相应的成本，而且通常要比你预期的高得多。

通常来说，我们可以将获取客户的过程分为三步：第一，作为一个企业家，你需要找出初始客户。第二，你要努力分析是否能将那些客户流转化为潜在客户。第三，你就要进入销售阶段，将潜在客户变为你的真实客户。

举个例子来说明。比如说，你想要计算一家像Zipcar这样的企业的客户获取成本。首先你要找出任何可能的客户，也就是说，找出你觉得可能会对你的产品和服务感兴趣的任何一个人。这个门槛很低，但它还是会成为一个门槛。例如，在最初，Zipcar采用了多种策略中的一种来找出任何一个可能的客户。它可能给马萨诸塞州坎布里奇市的所有成年人，或者居住在Zipcar提供租车服务的5个街区范围内的成年人都发送了邮件和互联网宣传资料。他们可能在一些社区或市民活动中派发了传单。罗宾·切斯和她的团队也许根本不知道他们的宣传对象可能已经有车了，也不知道这些人是否喜欢开车，对交通方式的选择是否满意——但是他们至少可以确定，与生活在另一座城市的一群只有15岁的孩子相比，这些人更有可能成为他们的客户。所以说，最开始的客户可能是任何一个人。这个客户可能是通过你的宣传进而对你有所了解，也有可能只是因为到你的店里去躲雨才知道你的产品。

下一步，就是将上面这些客户转变为潜在客户。在Zipcar的例子当中，切斯或许想要知道她的初始客户是否拥有驾照，他们是否有足够的钱成为Zipcar的客户，他们的信用如何，或者他们是否因超速被开过多张罚单，以致不可能为他们投保。

从初始客户转换为潜在客户所需的时间不一而足，这取决于你的企业，在这里，你就能体会到提前计算市场规模有多重要。如果你在成立公司之后才认识到，那些可能会觉得你的产品有趣或者时髦的人，实际上很难转变为潜在客户，那就为时已晚了。

到现在为止，我们终于来到了这个阶段，很多企业家认为这才是创业的开端：那就是你怎样发挥能力将潜在客户变成真实客户。这个时候，你才能真正让潜在客户去尝试产品，而且最好能以你定下的价格购买产品。

在这个过程中的每一步，都只有一小部分的初始客户和潜在客户会发生转变。计算转变客户的比例，一直都和找出初始客户和潜在客户的成本息息相关，这就要我们计算出客户获取成本的平均值。这个数值非常重要。因为如果企业出现什么问题，这个数值可以给你一个预警。找出能够促进或者阻挠客户转换的地方，这样可以帮助你降低商业风险，同时帮你创造战胜竞争对手的优势。

那么Zipcar的客户获取成本是多少呢？

其实这个问题涉及的算术很简单。找出初始客户、将其转换为潜在客户并最终转变为真实客户，将所使用方法的成本加起来——然后将这个总数除以客户数量。假设在初期，Zipcar花费了1万美元用于开展营销活动，吸引初始客户，另外，雇佣员工将初始客户转换为潜在客户和真实客户花费了1万美元，最终得到了500个真实客户。在这个情况下，客户获取成本就是40美元（2万美元除以500）。

一个客户的终生价值

在结束降低商业风险的话题之前，我们再来看看另一个关键的计算：一个客户的终生价值。在特定时间段内，一个客户能为公司带来多少利润？这一计算过程应该将在同一时间内流失的客户带给你的损失考虑在内。

想一想一些公司的结构会怎样影响这些价值。假设你的梦想就是在佛蒙特的山间或者北加州的酒乡开一家旅馆。如果是这样，你的客户的终生价值可能并不太高。人们愿意住在你的旅馆固然是好事，但是美国人一年只有几周的假期。他们不可能总是回到同一个地方旅游。

想象一下，如果你要推出一种网上注册服务，如相亲网站。你的客户的终生价值就有可能高一些，因为每个月你的客户都在不断更新。但是，当你想保证有源源不断的收入时，可能发现一个最大的不足，那就是如果你的约会网站办得非常成功，就会有大量的客户最终确立一种长期关系。

让我们来想一想Zipcar的例子。如果40美元的客户获取成本是准确的，那么就要依据每个客户的终生价值来决定这个成本是否值得。假设，在注册了Zipcar的服务之后，每个客户能给Zipcar带来500美元的利润。（更准确地说，你应该算一算你未来利润的净现值。）在这个简化的例子中，每个新客户为Zipcar创造的终生价值是460美元。那么这笔生意当然很有吸引力。

那么，将这个方法应用到你的商业想法中去。根据你的估计，你的客户成为回头客的频率是多少？他作为回头客带来的价值和客户获取成本相比如何？为了增加客户的终生价值，你能做些什么？或者，你可以减少获取单个客户要花费的成本吗？

在你全力投入创业之前，获取这些数据非常关键，但同时你不必惊讶，因为多数创业者都没有提前算好这笔账。因此只要稍作简单的计算，你的情况就会比竞争对手好很多了。

商业案例：在商业模式中打造优势

你是否曾花费数个小时连接电脑、打印机或网络，然后才真正开始做你想要做的事情？在一家大公司，你或许可以直接求助于技术支持（IT）部门，但是，如果你运营的是一家小企业，那么你可能要自己动手解决问题。

1998年，提姆·莫特（Tim Mott）这个已经帮助创立电子艺界公司（Electronic Arts）和宏媒体公司（Macromedia），即运营着几家公司的企业家发现了上述问题，并成立了一家企业解决这个问题。这家企业就是All Covered，专门做一些中小企业的外包IT服务。

“这是一个被忽略和忽视的机会，”莫特在一次采访中告诉我们，“很多人都没有认识到IT业务部门这一小部分在经济中所占的份额，这让我很吃惊。对我来说，像IBM、美国银行和美国运通这样的公司（在以前）基本上完全依赖它们的IT部门。”

莫特提到，员工人数低于100人的企业对美国的国内生产总值有一半的贡献率。但这类企业却通常没有任何基础设施能够满足它们对于IT方面的需求。因此，All Covered应运而生。它们提供的并不是一次性上门服务，不是在小企业打来电话时才急忙赶到现场解决电脑问题的公司。它们提供的是订购服务。需要服务的企业要根据企业内用户和计算机的数量支付月费，每个月即可享受以小时计数的相应的服务时间。

这是一个很棒的商业模式，至少有以下三个原因：

第一，All Covered通常都只和客户签一次约，所以客户获取成本相对较低。第二，大部分客户实际上并不需要那么多IT服务；它们缴纳月费是为了给自己提供一个保障，让员工知道，如果真的有IT问题的话，有人可以帮助他们轻松地解决。第三，这一点关系到创造竞争优势，莫特的公司从一开始就没打算要成为领先的外包IT服务公司，而是重新定义了竞争环境，决定成为新的分类市场中的佼佼者。

最好的一类客户就是你的存量客户。All Covered下足了功夫去寻找大多数商业模式的制胜法宝，那就是常续性营业收入——也就是那些你不需要花费任何成本，或仅仅需要低成本就可以留住，并且一而再、再而三地购买你的产品的客户。

选择商业模式

如果你开始思考如何获得客户，并让他们不断购买你的产品，那么你就会遇到一个基本的结构性问题：你的商业模式是什么？提到商业模式，我们指的是为了实现你的价值定位而不断进行的生产、供应、销售、收费这一系列过程。你怎样组织从前期投入到流程再到最后将产品或服务提供给消费者这一整个过程呢？用比喻的方法来说就是，你怎样才能建造一个旋转木马，让它运作并接近永动机的状态——它可以解决问题、改善世界，还能定期向你的账户里打钱？

我们先用哈佛商学院企业学教授比尔·萨尔曼（Bill Sahlman）的观点来说明。他这样描述一个理想的商业模式：这是一个人们会不断地往里面塞支票的邮政信箱。（给我们也寄点支票吧，谢谢了！）暂且不去思考萨尔曼的模式是否能以某种方式改善世界，但这种商业模式却能提供很多非常有用的指导。想象一下，假如你能建立一个企业，不管什么原因，人们总是源源不断地给你送钱，那么，这样的企业需要具备怎样的特征呢？

当然，它需要的客户接触肯定不多。在其他因素都一样的情况下，这当然是件好事，因为与客户打交道需要花钱。另外，它对资金的要求不高——也就比一个信箱贵一点。它对物流的要求也很低。只需要每星期用一两次信箱，偶尔去一趟银行，就都可以办妥。另外，你将要按时付款，享受巨大的利润率，并且几乎不承担任何风险。

就是这么简单，却能带来巨大收益！或许很难想象，在现实生活中会存在如此完美的模式，当然，如果你将萨尔曼的模式当作理想的模式，然后将你想到的商业模式与之对比，那么衡量各种商业模式是否理想就突然变得容易了。下面我们来试一试。

假如你是艾龙·马思科（Elon Musk），你想要成立一家运输公司：SpaceX。如果将SpaceX的商业模式和萨尔曼的理想模式做出对比，那么会发现SpaceX

存在很多问题。客户接触成本很高。你能想象要说服某个人为发射卫星付费是一项多么艰巨的任务吗？资金要求和风险也很高：一提到一家宇宙飞船公司，所涉及的资金动辄就是上亿美元。物流成本也一样很高，其他的费用和营利在很大程度上也是未知的。

幸亏还有人即使认识到了以上的种种风险，还是会继续去追求有价值的目标。因为这种高风险、高回报的企业对于社会的进步来说是非常关键的，这也是对创造性破坏这个概念的最佳实践。虽然如此，但是，创业者还是需要循序渐进。如果你读这本书是为了日后成立自己的公司，那么你应该还不能成为艾伦·马思科，因为他在创立SpaceX之前已经成功建立起几家企业。

让我们再看几种比较常见，但各有不同的商业模式。在我们介绍这些模式的过程中，思考一下，与萨尔曼邮局信箱的理想模式相比，这些模式如何。

剃须刀和刀片

这种商业模式十分经典而且有效，因此我们直接以产品名字来称呼它。剃须刀通常都以保本或低于成本的价格出售。但是，剃须刀的刀片才是关键所在。你也可以在其他行业看到这种模式。你现在花 50 美元就能买一个很好的激光打印机，但是换一个墨盒却要花去你 60~70 美元。正是因为这样，Spinbrush的创始人约翰·奥谢尔，才会推出中档价位的电动牙刷，因为他同时也出售可供替换的牙刷头和其他配件。

订阅服务

电子内容和广告的出现，使订阅服务的传统模式遭到重创。世界上各大报纸和媒体都面临着这一挑战。但是，像亚丽安娜·赫芬顿（Arianna Huffington）和鲁伯特·默多克（Rupert Murdoch）这样的企业家，却在寻求创新的商业模式中实现过渡。作家和广告商都是通过印刷或电子的方式发表文章或刊登广告，而读者则通过订阅某份报纸或杂志，或者是每月缴纳有线电视或卫星电视的费用，为这些内容付费。互联网的产生极大地影响了出版业。纸质杂志和报纸的市场份额不断缩小，而网上的资源却在激增。还没有人知道应对这一问题的固定商业模式，但可以肯定的是，有很多企业家都会尝试去解决这个问题。

低成本提供商

如果你提供的产品或服务是大宗商品，那么你可以轻而易举地展开低价竞争。这种商业模式通常需要明显的规模经济才能实现——也就是成为行业领先提供商，或者实现最低的成本。想一想那些成功实现这一商业模式的公司：例如，西南航空和瑞安航空，家具业中的宜家（IKEA）和低成本服装品牌Old Navy。讲到这里，海外呼叫中心或者最近的海外技术提供商是怎么回事呢？由于一些专业人员，像工程师和律师，已经渐渐成为商品，其他国家的低成本提供商可以利用这种商业模式，为西方的客户提供服务。

名牌

品牌有时候很微妙，但是，如果你能承诺消费者并最终为他们提供独有、时尚和充满活力的产品，也就是满足他们想获得最好、最新产品的心理需求，那么你就有可能凭借品牌获胜。营销预算通常是一笔大数额，而消费者的喜好却很善变。记住，在这样的行业中，你可能要解决的是无形的消费者痛点——比如，满足他们对社会地位的渴望或者自我价值的实现。

分销商/集运商

这种商业模式永不过时。今天，你可以从亚马逊或好市多（Costco）购买时装、乘式割草机甚至是新车。这种模式和美国的百货商场，像20世纪30年代纽约的梅西百货（Macy's）或更早的西尔斯·罗巴克（Sears Roebuck），有什么不同呢？100年前，你甚至可以在西尔斯订购设计图和材料来建造一座预制住宅。如果你能够为消费者提供便利和一站式服务，或许你不需要成为某种服务或商品的最佳提供商。

专门提供商

这种模式和分销商、集运商相反。在这种模式里，你选取一种商品将它做到极致。今天，一些高端的百货商场可能会出售所有的顶尖服饰和化妆品品牌，但是，单一品牌的服饰店或者专门的药材商正在兴起。这在专业服务领域同样适用，例如，你要成立一家专攻同性家庭法或者美国老兵权益的法律公司。比起那些范围更大的法律公司，你肯定更容易说服客户，让他们相信你的公司比那些提供一般服务的公司更加专业、更有价值。

做市商

这个目标听起来似乎困难且宏大，但如果你可以成立一家专业的拍卖机构或网站，甚至一家股票交易所，这就有可能成为现实。这是eBay的模式，但是，这种模式也被运用于汽车世界网站（Car.com）和整个住宅房地产行业。你可以利用这种模式创造一个市场，为其他创业者提供机会——然后在每一笔交易里抽成。这种模式的利润很可能非常可观。

用户生产内容

一般来说，你的产品中，用户生产的内容越多越好。你可能会很快联想到一些网上模式——如YouTube、LinkedIn或Facebook。在这些网站上，用户基本提供了所有的内容。但是，这些产品也存在于非虚拟的真实世界中。当消费者自己为汽车加油或者用自助式收银机结账的时候，就有可能降低企业服务每个消费者的成本。一家餐厅将经营模式转变为外卖模式（与堂食及送餐服务相对），但是菜单上的价格没有变化，从商业模式角度来看，这是很合理的。

垄断/寡头

当我们谈到垄断的时候，我们主要指的是那些行业门槛很高，其他公司不易进入而且无法立足的情况。或许是因为前期的花费太高，没有几个竞争者有能力去尝试。或许是因为先行者的优势不断持续，而令后来者处于很不利的位置。或许是因为专利、行业执照或政府管制让竞争者望而却步。

在美国，只有一个行业具有明显的近乎全盘垄断的地位：职业棒球。这不是开玩笑，美国最高法院认为棒球是一种“娱乐”，而不是“商业运作”。这个决定从来未被推翻，因此职业棒球也免受反垄断法的追究。

即使如此，这些年来，也有很多公司成功地创造了垄断或近乎垄断的状态。至少在国家反垄断机构参与之前，这是一个很好的模式。像20世纪七八十年代的贝尔系统，90年代的微软。而新世纪的第一个10年将属于像亚马逊和Google这样的公司。

回顾一下本模块一开始提出的问题：你该如何知道何时从思考过渡到行动？答案应该是，当你能非常自信地对以下几个问题说“是”的时候。你是否找到了一个急迫的消费者痛点，而且可以提供具有吸引力的解决方案？你是否已经计算出合理的价值定位？你进入的市场规模是否大到足以让你花费时间和精力？如果你已经找到了最好的商业模式，你就应该继续问自己：你是否已经找到了降低技术和商业风险的策略？你是否已经想到办法创造自己的竞争优势？

通常，准确说出开始行动的时刻是很困难的，但是，我们可以看到，在某个时间点，这种不断改善想法的过程，会转变为成立企业的过程。在这个时候，你会发现你要去吸引最好的设计师、工程师和销售人员来为你工作；你会决定筹集更多的资金；你会下定决心，要向行业佼佼者看齐——这就是你从思考自然转变到行动的时刻。

但你可能会问：如果我还没有真正开始创业，又怎么获取这些资源呢？我是不是遭遇了鸡和鸡蛋的经典问题？我怎样在自己还没开始之前，就去说服那些可以帮我实现竞争优势的人呢？

也就是说，在你真正完成自己所希望达成的目标之前，你如何作为一个创业者去建立自己的可信度呢？这就是我们下一模块要涉及的内容。

模块六

“你不能以你将要做的事来建立信誉。”

——亨利·福特

Breakthrough

Entrepreneurship

建立信誉

为什么别人要相信你能做到？

对于一些读者来说，到现在为止，这本书似乎都在讲其他人是怎样变成成功的创业者的，而不是你怎样才能做到。你怎样在成为创业者之前就感觉像是一个创业者呢？你怎样训练自己，让自己具备那种舍我其谁的创业精神呢？读一本关于探戈的书或看一段关于探戈的视频是一码事，而自己大胆去实践又是另一码事。

更近一步说，你怎样说服除了自己以外的人，让他们相信你现在已经是一位创业者？怎样告诉他们你不是一个梦想家或者空谈家，而是可以成就一番事业的实干家？

这一模块旨在助你迈出跨越从想到做的鸿沟的最初几步。你可以提前采取以下几个策略帮助自己，以合理的方式提高自己的信誉，并同时改善自己的商业计划。

在写作这本书的过程当中，我们有机会实现了真正意义上的跟踪一位成功连环创业者，他向我们展示了如何做到这一点。

约翰 · 沙芬伯格（John Scharffenberger）是一位真正的美食家，他曾一度将在欧洲受欢迎的美食传播到世界其他地方，并让这些美食在美国也流行起来，这给人们留下了深刻印象。他最开始创业时从事的是酿酒行业，他要种植葡萄并制作一种加州气泡酒，其外观和味道都像上等的法国香槟。然后，在他建立并卖掉了自己的酿酒公司沙芬伯格酒窖（Scharffenberger Cellars）之后，又开始从事高端巧克力行业。他花了 10 年时间，和商业伙伴罗伯特 · 斯坦伯格（Robert Steinberg）建立起沙芬伯格巧克力公司（Scharffen Berger Chocolate），后来又以 5 000 万美元的价格将公司卖给了好时（Hershey）。

我们在一个晴朗的夏日碰到沙芬伯格，邀他一起在伯克利散步，他那时已经在考虑进入另一个新的行业。他在考虑写一本书或者制作一个关于巧克力历史的纪录片，但让他真正兴奋的，还是成立一家新公司，而在所有的行业中，他却选择了制作美味豆腐。

沙芬伯格边走边将手探入一个随身挎着的大塑料袋，将里面装着的豆腐样品提供给沿途的人们。他边走边问：你们爱吃豆腐吗？你肯定会喜欢这种豆腐，先尝尝再说吧！

他在一家叫作Restaurant 900 Grayson的高档餐厅吃午饭，将一块豆腐提供给大厨，并向其他认识的人热情地推荐：你一定要尝一尝这豆腐！这是世上最好吃的豆腐！

说实话，我们不知道是否有人真的喜欢吃豆腐。但是，伯克利以美食家闻名，而沙芬伯格又因其对食物的品位和深深的热情而为人所知。人们会想，如果他对一块豆腐如此激动，那么这块豆腐一定值得一试。

但是沙芬伯格已经建立了自己的信誉，不是吗？在从事豆腐这一行之前，他生产过巧克力。在巧克力之前，他生产过美酒。但他在那一切之前又有什么经历呢？

当他还是一个 22 岁的无名小卒，当他没有资金、没有经验，只有一个好创意时，是如何去建立自己的信誉的呢？你又能从他的经验中学到什么呢？

建立信誉

当你还是孩子的时候，你母亲可能对你说过类似这样的话，“不要在意别人的看法！”我们相信你母亲肯定是个很好的人，但她可能无法成为一个很优秀的企业家，这其中是有原因的。（如果你是玛莎·斯图尔特[①]的女儿艾丽西丝，拿着你买书的收据，联系我们给你全额退款。）

企业家存在的所有价值在于解决消费者的痛点，但是，消费者只有先相信你，然后才会购买你的产品或服务。另外，你至少得表现出你能获得客户，否则其他潜在的利益相关者不会去帮助你。你需要聘请很好的团队，他们不但能够帮助你研发和销售产品，而且还能建立你和客户之间的信誉。你可能需要筹资来聘请这种优秀人才，收购资产，然后吸引更多的客户。

到目前为止，你是否意识到了我们的主题？是的，最终我们的话题都会回到客户。

如果你的公司前景确实十分吸引人，那么客户就很可能愿意去相信。但是，我们却都遇到过很多夸大其词、言过其实的广告或者销售人员。

因此，信誉是十分关键的。想要建立良好的信誉，需要注意两个反复出现的因素。

第一点，也是显而易见的一点，那就是关注你的客户。事实上，这适用于创业过程中的方方面面。当你有那么一个时刻不知道该做什么的时候，停下来，然后问自己：我现在做什么最能帮助减轻消费者的痛点？

第二点，从小做起，慢慢积累。成功能催生成功，所以应该给自己定下短

---

① 玛莎·斯图尔特（Martha Stewart），美国家居用品大王，商界女强人，亿万富翁。——译者注

期目标，获得阶段性成果，并好好地庆祝一番（但是不能得意忘形）。例如，很多企业家会定期写简报给家人、朋友或者利益相关方，告诉他们自己在接下来一周或一个月内的打算。然后，他们在下一份简报中就会对之前设立的目标负责，如果达到或超过了所设目标，他们会好好享受成功的喜悦，并为下一个阶段制定更加困难的目标。（如果你想看一看效果良好的公司简报，请访问此网站：http://www.google.com/googlefriends/archive.html）

你积累了越多阶段性的胜利，你就会越有信心。更为重要的是，你的信誉就会越来越高，这样在说服下一个潜在投资者时，你就可以证明自己是值得信赖的。阶段性的“胜利”会创造出强大的动力。这就是滚雪球效应。

我们再来看看约翰·沙芬伯格每进入一个新的行业时是如何建立自己的信誉的。他告诉我们，在从事气泡酒行业之前，他采取了一些很小的步骤。他到法国的香槟区去旅游，在那里边修车边学习业务。刚开始时他资金很少，因此他贷款的数额也较小，而且他专门找那些给他供应原材料的葡萄园提供贷款的银行。（这样一来，银行为他提供贷款等于是在帮助它们其他的贷款客户。）相对于其他的竞争对手，他几乎没有广告预算，所以还是从小做起。他还在旧金山的一些酒吧里办聚会，邀请这一地区餐饮业的从业人员，并为他们提供自己的香槟。

他像栽种葡萄一般精心地塑造自己的信誉，常常和一些引领时尚风潮的人打交道，积累了丰富的百科知识。每一次成功都在增强他的信誉，而每一次成功都建筑在之前更小的成功之上。甚至他成立并卖出了两家公司——酒厂和巧克力公司——沙芬伯格在打算进入每一个新领域时都会采用同一种策略。就像他挎着整袋的豆腐，四处让人试吃一样。他是在测试市场，但更重要的是，他每接触一个人都是在分享自己点点滴滴的成功——去找这种美味豆腐吧！——同时不断地提高自己的信誉。

建立信誉的策略

罗伯特·西奥迪尼（Robert Cialdini）在他的著作《影响力：说服的心理》（*Influence: The Psychology of Persuasion*）中描述了6种人们就任何事情说服他人的方法：互惠性、一贯性、社会认同、权威性、吸引力和稀缺性。在我们考虑企业家如何构筑信誉时，西奥迪尼提出的观点值得参考。

第一，互惠性。人们只有在觉得自己需要还人情或还债的时候，才更有可能主动去做某事。所以作为一个创业者，你应该试着去帮助有需要的人，即使不能确定或保证他们能够回报你。向潜在客户提供一些小甜头来吸引他们的注意力。确保客户可以在不花钱财、不作承诺的情况下尝试你的产品。那么他们可能会将感激作为最后决定成为真正客户的因素之一。

第二，一贯性。人们尊重那些可以信守承诺的人。所以，按时到达，完成你设定的目标。想想罗宾·切斯的例子：为了兑现她对坎布里奇市做出的承诺，切斯按约定日期成立公司，而自己却因此形神憔悴。成立的日期本身并不代表什么，但是她信守承诺这一事实却非常重要。坚持兑现自己的一个个小的承诺，那么在让客户做出比较大的承诺时，自己也会比较有底气。

第三，你需要找到某种方式去获取社会认同。越多人使用你的产品或服务——也就是说，越多人讨论你的产品或服务——就越好。想一想我们讨论过的企业家都用了什么样的方式来达到上述目标。Zipcar的每个客户都成了活广告，因为他们租来的汽车车身上都印着大大的Z字。PayPal的用户不得不向别人提到这一产品，因为这样产品才能实现它的价值——否则，寄钱或收钱的人不会知道钱到底去了哪里。直到吉姆·科赫的产品塞缪尔·亚当斯波士顿啤酒在比赛上赢得了最佳啤酒奖，才使得这个品牌一炮走红。如果你能吸引第一批客户，那么第二批用户就会更容易选择你。

正如许多客户都会让自己的朋友推荐要购买的产品或服务，他们也会去寻求权威性。他们想知道，自己使用的镇痛药是否也是最顶尖运动员赛后使用的？他们想听到政府说，他们开的车是市面上最安全的，“5 个牙医中有 4 个”都认为他们嚼的口香糖是有益于口腔健康的。我们或许不愿意相信自己那么信服权威，但事实上，人们更愿意追求权威，尽管他们并不承认这一点。所以，你应该努力成为自己领域的权威或专家。如果你没办法短期内做到这一点，那么请其他人来代言你的产品。用伟大的哲学家约翰 · 梅伦坎普的话来说就是：“权威永远是占上风的。”

第四，吸引力。餐馆的服务员通常都是年轻漂亮的女孩儿，这是有原因的。汽车销售人员通常笑脸迎人，亲切地直呼你的名字，这也是有原因的。Google 将公司的口号（不作恶）广为传播，也是有原因的。人们越是受到说服者的吸引，就越有可能接受说服者提出的要求。所以，你应该尽量地表现得真诚和受人喜爱。一个真正的创业者应该相信，能帮客户们解决他们的痛点是自己的荣幸。

第五，就是稀缺性的概念。人们永远想要占有他们得不到的东西。而且，人们通常都犹豫不决。你可以向他们表明，现在如果不抓住机会，不行动起来，那么就有可能永远都没有机会了，以这样一种方式来迫使他们早下决定。所以你可以限时提供自己的产品或服务。你可以限制产品的数量，或者可以考虑涨价而不是打折的方式。

信誉的基本因素

这是经典的鸡和鸡蛋的两难问题：你要让潜在投资者看到成绩，他们才有可能相信你，但是，你首先又需要吸引一批潜在投资者，才能够做出成绩。要使这架庞大的旋转木马运转起来，需要在你开始之前就建立信誉。

现在，无论是谁想要成立公司，都可以看起来有模有样，一个网站、几百张精美名片、一个半定制的公司标识和一个能以假乱真，将微型公司说得像微软公司那样的语音信箱。但问题是，实际上呢？如果每个人都可以轻而易举地将一家合法公司的外表做得很好，那么外表就没有那么重要了。

那么，你怎样说服别人相信自己的公司更像亚马逊而非尤格[①]？对于创业者来说，有四大类信誉。真实地测评每一类信誉之后，你就知道自己哪里需要加强了。

个人信誉

当你访问一个公司的网站时，总会有一两页的内容是在描述创始人的一些辉煌过往。为什么呢？因为一家新公司的信誉就来源于领导者的个人声誉。所以，问问自己：我会选择从我这里购买产品或服务吗？你的价值定位有多吸引人？你能否解释你是怎样由最初的想法得出这个定位的？所以，这就是为什么进入一个你已经有所了解的行业或市场非常重要。记住，你不需要成为最渊博的人，但是你需要了解某些事情，而且你需要具备快速学习的能力。

团队信誉

一个人单枪匹马的创业成功故事凤毛麟角，所以你通常需要聘用其他创始人、领导者和主要的贡献者团队与你携手合作。这个团队是否能面面俱到地处理公司的一切事务，就构成了整个公司信誉的关键。你的团队里只有技术专家吗？是否是一支由产品专家、经验丰富的商人和其他需要的人才共同组成的健康、有凝聚力而又才华横溢的团队？从性格和个人经历方面考虑，他们的契合度如何？创始人和主要的领导者之前有没有成功的合作经历？还是说，他们都是新手并可能成为影响公司生产的对手？

公司信誉

除了创始人和主要的员工，还要想想可能会影响公司成功的每一个人和每一件事。你选择和谁共事？谁又愿意和你共事？你所聘请的专业人员是否能为

---

① 尤格（Yugo），价格低廉的汽车品牌。——编者注。

企业的信誉锦上添花？你的律师之前有没有帮助成立其他公司的成功经验？你的会计是否可靠？你的潜在投资者是否会在公交车车身广告上看到你的律师，或者在一些关于伯纳德·麦道夫[①]的报道里看到你的会计的名字？另外，你所处的位置在哪里？一家位于硅谷的新兴技术公司可能更让人信服，一家位于西方世界金融之都纽约的金融公司要比其他地方的金融公司更令人信服。想要向美国各地出口龙虾？那么一个正确的邮编（例如04101，缅因州波特兰的邮编）可能会帮你获得信誉。

产品、服务和行业信誉

我们在上几个模块所提到的一些基本概念在这里也非常重要：像消费者痛点、价值定位、商业和技术风险、市场规模等。但信誉的另一个方面涉及你如何阐述以上因素。例如，虽然你的公司解决的是一个迫在眉睫的消费者痛点，这很重要，但是你能有效地阐述如何解决这个问题也十分重要。在这里，你应该回忆一下测试企业解决的消费者痛点是否急迫时所采用的方法：你能用一个句子干净利落地解释你们企业的业务和宗旨吗？潜在客户需要知道这一点，而潜在员工和投资者也需要知道这一点。

和这个问题相关的还有，你所进入的这个行业本身是否具备优势。你可能组建了一个很好的团队，能得到顶尖人士的建议，并在你的市场内使用创新的方式解决消费者的需求。但是，如果你所处的市场就是不繁荣，特别是你似乎在冒冒失失地向前冲，那么你的信誉就会打折扣。在当今世界利率低且通胀预期低时计划进入市场？在美国的汽车行业巨头都靠政府来保证贷款，消费者们没有大幅减税就买不起车的情况下进入电动汽车领域？你觉得做出这种战略性商业决策会使你的信誉受到怎样的影响呢？

---

① 伯纳德·麦道夫（Bernie Madoff），前纳斯达克主席，美国历史上最大的诈骗案制造者，诈骗金额高达600多亿美元。——译者注

交流信誉

在生意场上，喉炎是致命的。如果你觉得自己在以上 4 种信誉中都做得不错，那么你自然想要大声地向全世界宣告以吸引潜在股东。（同时，不要忘记你的第一批潜在股东由你的客户组成。）但很多时候，企业家却找不到自己的声音。他们或者无法有效表达自己的产品或服务的好处，或者南辕北辙，不经意地传达了错误的信息，让客户怀疑他们的信誉。因此，我们来看看可以在哪些方面提高你的信誉：

网络影响力

大多数人在听说你的公司后做的第一件事是什么？他们会在Google上搜索你。因此，你的互联网身份变得十分关键，你需要去监控自己的企业在博客、维基百科或类似网站上的形象如何。你是否能出现在Google搜索结果的第一页——不仅是在用你或公司的名字作为关键词搜索时，在输入行业或市场关键词时，你是否还会出现在首页？如果不能，你就要去解决这个问题。这就意味着调查优化搜索引擎（SEO）的方式，并调整你的营销策略以最大化搜索结果。另外，人们在专门查找你的时候，能获得什么信息？他们搜索到的结果是会降低还是增加他们对你的信任呢？当然，这对于不同的人和企业来说，意味着不同的东西。如果在Google上搜索你的名字，出现的前 5 个内容是你参加《动物屋》中的那种古罗马长袍派对时的照片，那就有可能是个问题——除非你是想进入派对策划行业（或者你想卖长袍）。作为一个创业者，意味着你要在特定圈子里做一个公众人物，所以一定要对发到Facebook、LinkedIn、Twitter或其他社交网站上的信息三思而后行。

尽快注册公司的域名，并在受欢迎网站上抢注相似的邮箱地址和用户名。例如，如果你在写一本叫作《突破创业》（*Breakthrough Entrepreneurship*）的书，你可能就需要抢注breakthroughentrepreneurship.com、breakthroughentrepreneurship@gmail.com、breakthroughentrepreneurship.tumblr.com，在Twitter上注册@breakthroughE等等。这只不过是10美元的投资而已，当域名查询服务显示你的域名已被抢注，而且仅仅是在几天之前，你就会真正明白什么叫作时不我待。

媒体关注

我们真切地希望《连线杂志》（*Wired*）和《快速公司》（*Fast Company*）能排队来采访你，你的邮箱也会顷刻堆满来自像《华尔街日报》的记者和科技博客（TechCrunch）的问题。但是，你通常得先得到其他小媒体的关注才有可能获得大媒体的报道。

但是，如果你无法获得任何媒体的关注，那该怎么办呢？在这里，就可以借用吸引力和互惠性的方法。不要再将新闻机构想成是你的目标，而是将在那些机构工作的人们看作个体。让记者们知道你花了时间去熟悉他们的工作，从而和他们建立起密切的关系，而且你要比你的竞争者抢先一步和记者们亲近。记者也是人，因此一点尊重和发自内心的赞美都可能会进一步加深你们的关系。

例如，你可以向他们介绍你的产品或服务在某个领域或者他们报道的特定领域中表现如何。另一个策略是给他们讲故事，但你的公司不是主角，而是作为重要的（形象正面的）支持者。谈一谈你对一些大趋势的看法，这样你就有机会出现在记者的报道中，至少能让你的新公司被简单提及，这也有利于你通过媒体建立自己的信誉。

你需要找到一些新奇的理由或者是“上新闻的亮点”。例如，如果你在经营一家纸杯蛋糕店，你应该查查日历，看看什么节假日或其他日子能让你有机会宣传自己的产品。你可以在7月4日国庆日为当地的游行人群做一个纸杯蛋糕花车，或者说服一个记者让他报道一些好笑的“国家日”，像“国家纸杯蛋糕日”。（是的，还真有这样一个节日，是在每年的12月15日。）

建立良好的个人关系对企业以后的发展也具有深远影响。或许你和记者有一些共同的个人特点——你们可能都是费城人，或者都参加过姐妹会，或者都是多伦多枫叶队的球迷。或者你可以说——当然是真诚地说，我们毕竟是在讲你的信誉——你非常欣赏这个记者的文笔。你也可以先退一步，找到和他共事的人，先与他们建立联系，然后让他们将你的信息传达给那个记者。这些方法并非屡试不爽，可能不足以让某个记者来报道你，但是至少他会开始聆听。

奖项、白皮书和其他媒体

你的新公司可能有资格赢得很多奖项，但是，如果你不申请，就肯定无法获奖。如果你确实在解决一个重要的消费者痛点，那么你至少可能赢得几个奖项。你获得的荣誉越多，你的社会认同度和权威性就越高。

不论是产品设计或创新大赛，还是像客户服务和满意度调查，如果能赢得奖项，将帮你构建信誉。这甚至能形成一个良性循环：你赢了一个奖，就更有可能赢下一个奖。（如果你遇到困难止步不前，就请联系我们，看看如果我们把你的公司列为“《突破创业》读者成立的公司 100 强”，会发生什么。）

甚至在成立公司之前就可以去参加企划竞赛——想象一下，如果你能对投资者说你进入了某所大学或商会举办的企划大赛的决赛，这将对你赢得信誉产生怎样的影响。另外，这些大赛通常都会有现金奖励。在你创业早期，现金和信誉可能同等重要。

此外，可以考虑写些白皮书，或写些像“先进技术”或“行业现状”的文章。假设你要成立一家消灭害虫的公司。下面哪家公司听起来更值得信任：一家网站花哨的公司，还是一家网站上有专业阅读链接的公司？例如，链接的内容可能是公司的联合创始人发表的一篇长达 172 页、名为《以环保的方式消灭温带臭虫》的文章。

最后，可以考虑写一些专栏文章，或者为一些贸易杂志写几篇分析趋势的文章，或者写几篇博客。向一些新闻收集网站，如《赫芬顿邮报》、“Newser”新闻网或《每日野兽》（*The Daily Beast*）提供文章，或者在行业博客上写文章。

对于媒体内容的需求是不会被满足的，你可以通过无数种途径来传播消息。成为自己市场里的沙芬伯格。在成为一个行家的同时，分享你的知识，并建立起新公司的信誉。

客户口碑

客户口碑是一种十分有力的社会认同。你应该尝试说服客户允许你在网站上借用他们的名字和话语。如果他们亲自在网上对你的产品或服务做出正面评价，那就最好不过了。另外，在最开始的时候要记住，这些人不一定非得是陌生人，他们甚至可能是那些你为之提供过免费产品和服务的人。只要他们提供的是诚实的分析和称赞，那么晚上你就可以安然入睡。世界会看到这些满意的客户。

像病毒会在网络上迅速传播一样，客户是你快速传播社会认同的机会 。Twitter、Facebook、Tumblr、Youtube、Yelp等交流平台都是客户驱动企业的必争之地，但同时别忽略了它们成为企业客户的可能性。LinkedIn和其他专业领域的网站以及一些面对面的会议等，对你来说都意味着绝佳的机会，你将借听众之口将自己的产品服务信息散播开来。

成就

对于客户来说，你实际取得的成就往往是你的信誉的最佳证明。因此，兑现你的承诺吧！不要错过最后日期，不要超过预算。降低期望值，然后用你的成功去说服人们。我们理解，有时候要得到第一个客户很不容易——一些很好的企业最初的客户获取成本确实很高——但是你应该集中精力，竭尽所能地给客户留下印象并取得成果。

记住，你的目标是提供解决方案，并实现真正的进步。你可以参考下面这些策略，建立起你的信誉，这样你就能吸引更多的资源，服务于更多的客户。你会看到很多竞争对手在营销或公关技巧上投资，但是却没能吸引客户。这主要是因为他们对于自己价值的定位没能吸引顾客。所以，如果你能采取不同的方式，更有建设性地来进行营销或公关，你就有可能成为领头羊。

聘用有声望的咨询委员会

运用权威和社会认同来建立信誉的另一个方法是，建立一个咨询委员会和一个技术委员会。另一个非常好但不常用的方法，还是建立一个客户咨询委员会。谁能比客户代表更有资格来给公司提建议呢？

让一个有影响力的人加入你的咨询委员会，就会吸引另一个有影响力的人，依此类推。这就是我们通常说的跳板信誉：每一份成功都会成为你可以告诉投资者的一个胜利，这样就有更多人认同你的商业创意，并认为你的团队值得信赖。这样渐渐地就形成了一个平台，可以让你去追求更加辉煌的成就。你的每一步成功都会降低新利益相关方的风险，而不论他是咨询师、小贩、投资者还是客户。

你可能会问，那些咨询师凭什么愿意加入你的董事会。在多数情况下，创业者都会以股票的方式来提供补偿，当然，股票的份额很大程度上取决于公司的发展状态以及他们在哪个阶段加入公司。但这些咨询师加入公司也有其他原因。许多成功人士可能因为相信产品的实用性，而允许一个项目使用他们的名字。这里可能有一丝虚荣的成分以及简单地渴望成为潮流的想法。另外，一些依靠个人艰苦努力取得成功的创业者，通常愿意帮助其他创业者。帮助下一代人将成为他们社会影响力的重要组成部分。

商业案例
建立信誉

詹妮弗·弗雷斯（Jenifer Carter Fleiss）和詹妮弗·海曼（Jenifer Hyman）是同学，而且都希望成为企业家。有一天她们在一起吃饭。

在过去的几个月，她们花了很多时间探讨商业创意，现在她们终于找到了那个完美的创意。当海曼提到自己认为妹妹买一条昂贵的裙子去参加婚礼不值时，突然产生了一个想法：为什么女人不能去租那些适合特殊场合穿着的昂贵衣服呢？

在接下来的几周内，弗雷斯和海曼对她们认识的年轻职业女性——也就是她们的潜在客户——进行了调查。她们向成为企业家的校友讨教，并得知有机会认识美国时装界的著名设计师黛安·冯芙丝汀宝（Diane von Furstenberg）。这个关系通过一个朋友的朋友的朋友介绍，但是她们千方百计地得到了冯芙丝汀宝的邮箱地址。能见到冯芙丝汀宝本身就是一个绝妙的策略。

能吸引到冯芙丝汀宝这样的名人担任顾问和一些潜在企业客户——并且说服了威尔默赫尔法律事务所（WilmerHale）的一个合伙人在她们有能力去筹款之前提供免费法律咨询，她们就有了能展示给贝恩资本（Bain Capital）的筹码，并获得了第一轮风险投资。

她们的公司“T台租衣”（Rent the Runway）正式开张了。在18个月里，她们聘用了31个员工，两次登上《纽约时报》，并筹得两轮风险投资，生意蒸蒸日上。

弗雷斯事后提到，在追求阶段性胜利的过程中，如赢得冯芙丝汀宝的帮助，“我们俩都学会了接受拒绝的能力，即使你对我们说500次‘不’，我们也会自我安慰说，‘好吧，或许下一次我们能成功’。”

每当一位有声望的人加入，我们就更容易去吸引其他有声望的人或组织加入。

筹集资金

筹集资金可以成为一个有效（但又不乏微妙）的信誉里程碑。有太多的创业者都认为，他们作为创始人的目标仅仅在于吸引投资，特别是吸引风险投资。

但是对于任何一个有吸引力的企业来说，吸引投资肯定不是最终状态。而目标应该是去创立一个可以赢利的企业，这就要求公司在满足客户需求的同时，为自己赢利。事实上，仅仅专注于获得投资和我们这本书反复强调的原则是背道而驰的，即：用最低成本获取最多信息。

吸引投资者通常比人们想象中要困难，但矛盾的是，现在社会中的创业资金来源却前所未有地多样化了。我们生活在一个许多投资者都认为是低回报的金融世界里。富人和机构都将资金用于购买低回报但更加安全的政府债券。从根本上来说，投资者寻求的是风险调整后的最佳收益率。所以，如果你提供的选择既安全又能提供可观收益，那么你的境况就可能比你想象中要好。

考虑我们所说的资金的“质量”，以及获得某个投资者的资金将在多大程度上帮助建立信誉，这一点也很重要。就像与你合作或联络的服务提供商一样，获得声望高的投资者能在很大程度上支撑你的信誉。如果你能说服巴菲特为你投资，那么其他的投资者将趋之若鹜。同样的，如果你在寻求政府的投资，那么美国政府为你带来的信誉会比尼日利亚政府（打个比方）多。所以说，你合作伙伴的形象非常重要。

同样存在这样一种可能性：一些投资者和你公司的匹配度要高于其他投资者。例如，票务交易网站StubHub的早期投资者包括乔·蒙大拿（Joe Montana）和其他职业运动员。这说明获得投资很重要，获得名人运动员的投资则能让你名利双收。

如果你在一个投资者云集的行业里发展，那么要获得投资就简单得多。但要注意，不要因为获取投资，就牺牲了我们在前几个模块中所提到的一些事项，例如发挥你的长处，提出真正有吸引力的方案来解决正当的客户需求。当然，考虑那些有前途而且投资者感兴趣的行业也是有帮助的，像可再生能源、环保、绿色科技、医疗科学、互联网或者某些信息技术基础设施等。投资者之所以关注这些行业，是因为这些行业里有真实的客户需求。要记住，了解一个行业可以让你以一种聪明的姿态进入。

我们会在模块七中更多地讲到怎样去吸引投资者——天使投资人、超级天使投资人和其他风险投资家。就现在而言，你要认识到虽然投资者比 5 年或者 10 年前更加谨慎了，但事实上，今天的潜在投资者却比 10 年前多了。投资者不可能将钱花在边缘的地方，他们肯定愿意将钱花在刀刃上。

大背景
Breakthrough
Entrepreneurship

在你筹集资金的时候，问问自己：当你说服投资者时，你是在暗暗自得，还是觉得自己真的在为他提供一生难得的机遇？当你招聘员工或向客户展示产品时，你是否相信自己提供的产品非常不错？这些问题是对你勇气的又一次考验，看你是否彻底测试过自己的创意，是否竭尽所能促成创意取得成功。你现在应该能明白为什么我们在最初会说，如果你不能理解并运用提出和测试想法的基本原则，那么这本书的其他内容就不相关了。当你能够提供合理的价值时，你就总能处于较好的状态——而不是通过赢得信誉来把原本糟糕的想法包装得天衣无缝。

如果你的企业让人兴致勃勃，那么你很可能会发现投资者蜂拥而至。如果你真的拥有一个已经测试的很有吸引力的价值定位，却在吸引投资者方面遭遇困难，那么请联系我们。如果通过测试，我们将非常乐于帮助你。

模块七

“如果能买二手的，就不买全新的。如果能租，就不买。如果能借，就不租。如果能捡，就不借。”

——伊恩·麦克米兰

Breakthrough

Entrepreneurship

调集资源

你刚刚开始创业，手上的钱不多，没有客户，当然更没有员工。或许你有一个合伙人，或者你孤军奋战。但是，你确信自己有一个非常有吸引力的价值定位，而且你已经对它进行了层层测试。

那接下来你该做些什么呢？你怎样去调集所需资源呢？

下面这个鼓舞人心的例子，将向我们展示怎样行动起来调集资源。

现在几乎全世界都知道Google公司的两个创始人拉里·佩奇（Larry Page）和谢尔盖·布林（Sergey Brin），但在不久之前，他们还只是刚刚毕业的研究生。他们是好朋友，两人都天资聪颖并怀着一展宏图的决心。他们的父母都为他们在学业上的成就感到骄傲。谢尔盖的父亲设想——甚至可能是盼望着——他的儿子终有一天能继承他的衣钵，成为一名大学教授。

拉里来到斯坦福的第一天就与谢尔盖相遇了，他们一拍即合，同学们后来也习惯将他们的名字连起来称呼，这样便形成了五个字的组合："拉里谢尔盖"（LarryandSergey）。他们在一起没完没了地讨论，话题天马行空。他们头一秒钟还在讨论像计算机科学和哲学这样的严肃话题，或者讨论怎样解决世界的交通问题。但下一秒钟就转而激烈争辩一些荒诞不经的事情—— 一位朋友回忆拉里和谢尔盖曾激烈地讨论用青豆来建造一栋大楼在结构上是否存在可能性。拉里读研究生时的同学很自觉地戴上耳机，否则他们肯定会因为这些玩笑而无法集中精神。

1996年，拉里在准备自己的论文开题，涉及的内容是依据每个网页能在其他网页上显示链接的数量来组织整个万维网。拉里和谢尔盖共同合作，设计出程序，并将"网络蜘蛛"①在整个网络中散播开来，在网络空间中作标记。这个极富远见的项目最后证明非常困难，要花费大量时间和金钱，远远超出拉里的预计。他最后估计，他和谢尔盖每进行一次网络爬虫的项目，就要花费斯坦福两万美元。他们需要更多电脑，而最终那意味着他们需要更多资金。

他们深信自己的项目很有可能具备商业吸引力，于是他们决定去寻求一些公司和投资者的支持。他们想以100万美元的价格，将技术许可权授予当时顶尖的搜索引擎公司远景（AltaVista），然后向另一家引擎公司Excite也提出了同样的要求。两家公司没有接受他们的要求。他们想从沙丘路②上的风险投资公司那里筹得资金。但是没人对他们的项目感兴趣。雅虎的创始人拒绝了他们。拉里和谢尔盖的项目将上网变得太简单，雅虎希望增加用户黏性，让用户一直使用雅虎的引擎，而不是将他们拱手相让。

虽然拉里和谢尔盖对自己的想法满怀激情，但其实他们当时有其他的选择。

① 即网络爬虫。——译者注

② 沙丘路（Sand Hill Road）是硅谷乃至全美最显赫的一条路，聚集了美国最重要的风险投资机构。其于美国新兴市场的意义如同华尔街之于证券市场。——译者注

那时候硅谷正在繁荣发展，他们本可以轻而易举地放弃手上的项目，在互联网公司林立的硅谷找到立足之地。但是，他们深信自己的项目集实用性和美感于一体，坚持不愿放弃。

一位朋友以每月 1 700 美元的价格将自己位于帕洛阿尔托的车库租给了他们。他们可以在那里坚持一段时间，但这笔开支已经是他们开支中最小的一部分了。在企业家所需的 3 种资产中，他们具备两种，人才和时间，唯独另一种资产，也就是资金，是他们最为缺乏的。事实上，他们连维持项目运营的电脑都买不起。

一位导师对他们说："我真不知道你们怎么能拿到足够的资金。"

"你会知道的，"拉里回答说，"我们会想办法。"

3 种资源

不管你要成就什么事业，记住一个原则，这是拉里和谢尔盖最初在帕洛阿尔托的车库里努力成立互联网公司的时候就懂得的一点：要达到创业的目标，你只需要最基本的 3 种资源，即时间、人才和资金。作为一个创业者，你通常可以用一种资源换取另一种。

让我们来讲讲资源指的是什么。哈佛商学院的霍华德 · 斯蒂文森教授（Howard Stevenson）提出了关于创业的经典概念，人们通常要重复 50~100 次，才能明白个中真义。这条定义大概是这样的：

> **创业是一种管理风格，它专注于追寻机会，而不在乎你现在掌握的资源。**

我们来细细地琢磨这句话。首先，概念的第一部分——将创业称作一种管理风格意味着什么，我们会在下一模块详细阐述，现在暂时搁置这个问题。

其次，如果你已经读到了本书的这个模块，你对上述概念的第二部分——追寻机会——应该能够理解。你已经花了很多时间去思考怎样发现商机，以及如何去评估和选择最有可能成功的商机。发现消费者痛点、计算价值定位和市场规模以及类似技巧，都旨在帮助你发现合适的机会。

最后，第三部分最为重要，因为它将个人的雄心壮志与由创造性破坏驱动的社会进步联系起来："不在乎你现在掌握的资源。"

创业者要学会如何在不触犯法律和道德底线的前提下，利用地球上的一切资源。你能为其他人提供更有效的资产利用方式吗？如果你能，那么就有义务告诉他们。这就是为什么我们要用整个模块来说明如何构建信誉。你和利益相关者相信你有充分的理由取得成功，这一点至关重要。坚信这一点就可以帮助你获得所需的资源，而不论你在最开始是否能接触到资源。

仔细思考你的创业计划是否能以合理的方式为那些资源拥有者带来价值。（你可以自己判断：如果在20世纪90年代末，AltaVista、Excite和雅虎同意用它们的一小部分资源来接管Google，这会是个好主意吗？）当然，不论想在哪个领域获得成功，你都要拥有一些核心资产——时间、人才和资金——但要记住很重要的一点，那就是你不必在最开始的时候就掌控那些资源。事实上，过早地控制资源可能会给你带来危害，因为你可能因此认为没必要在初期以低成本的方式去测试你的创意。

即使你从来没有创业的经历，上面这个简单的观点也能改变你的生活。每次当你想做出一个重要决定的时候，都面临两种道路。你可以在一堆已经存在的选择当中挑出最好的并量体裁衣。或者，你可以以一个创业者的方式来解决：提出想象的到的最好选择，然后尽力使它成为现实。

那么，你怎样才能创造选择呢？借用斯蒂文森教授的定义，你怎样去聚集那些你暂时不具备的资源呢？我们在下面将会讨论这一问题，但是为了激励大家，我们先把Google创业早期的故事讲完。

尽管筹资受挫，拉里和谢尔盖还在不断努力。通过斯坦福教授戴维·切瑞顿（David Cheriton）的引荐，他们有机会向一位名叫安迪·贝托谢姆[①]的投资人讲述他们的想法。这位投资人之前是太阳计算机系统公司（Sun Microsystems）的联合创始人。贝托谢姆在切瑞顿家里和两位年轻人见面，他们谈了一夜。晨光初露的时候，贝托谢姆被彻底说服了。

“这是我这些年来听到过的最佳创意，没有之一，”他告诉两位年轻人，“我希望能参与进来。”

贝托谢姆没有对一些条款讨价还价，也没有讨论公司的价值和他个人应持有的股份。他直截了当地写了一张10万美元的支票给Google。这笔钱对于拉里和谢尔盖继续工作所需要的电脑和其他物资来说，已经绰绰有余。

就这样，拉里和谢尔盖获得了本钱。现在他们所要做的就是成立一家名为Google的公司，然后开设一个银行账户。事实上，直到两周后，他们才将贝托谢姆的支票兑现并存入账户，因为他们一直都在忙着进行网络映射。

第一种资源：时间

潜在企业家总是认为他们受限于缺乏资金或者合适的人才。但事实上，最稀缺的资源是时间。仅仅是想出或者测试创意就需要花时间。另外，如果你成立一家成功的企业，那么毫无疑问，它要花费你大量时间。

“你不能说‘我非常聪明，但我不会在工作上花费大量时间’，”亿万富翁和超级天使投资人兰姆·施雷姆（Ram Shriram）如是说。他也是Google早期的主要投资者，同时是公司的创立董事。他还在亚马逊当过高管。“创业本来就要自己去摸索方向，自己给予自己动力，而且它应该是值得人们尊重的一件事。”

时间、人才和资金，这就是创业的根本所在。那么，你怎样获得更多的时间？辞掉你的日常工作吗？晚上和周末都不休息吗？事实上，你很可能会这么做，至少是在一定程度上，尤其是在你创业的初期。但是，长时间地疯狂工作

---

① 安迪·贝托谢姆（Andy Bechtolsheim），Sun Microsystem的创始人之一，Google首位天使投资人。——编者注。

通常只能是暂时的，人总会有撑不住的时候。所以，创业者对时间采取措施就变得尤为重要，这里有两个方法。第一个方法是增加可用的时间，这通常只能通过壮大团队的方式来完成（也就是增加人力小时）。第二个方法就是更有效地管理自己的时间。

我们在下一节中会讲到如何壮大你的团队。但就现在而言，一个精明的创业者如何管理时间？最简单聪明的方式就是，每天为自己设定可见的目标，主要用于帮助自己评估（或消除）商业或技术风险。

朝着目标前进，并对自己的目标负责。你还记得高中英语课堂讲的动名词是什么吗？它们是以ing结尾的动词，就像talking、working、considering等表示说着、工作着和考虑着这样的词 。作为一个创业者，这些表示正在进行的动词正无声无息地消磨着你的时间。作为一个创业者，你唯一需要关心的动词，就是将来时态的动词——也就是你将要做的事情，以及过去时态的动词——也就是你已经完成的事。

所以，要避免自己总是停留在打电话、开会、思考和选择 的过程当中。否则，当你回顾一天的时候，你将不得不承认你把时间都浪费在了查邮件或上网的过程中。做一个时间表，并严格遵守。在一天快要结束的时候，用一张清单来检查完成情况，那么你就可以逼着自己去诚实地记录一天当中都把时间花在了哪些地方。做一个甘特图（线条图）来跟踪现状，并关注整个事情的进展，然后你就可以清楚地知道，自己做的事对每天的工作进度有什么影响。

资金预算不足，但有责任心的人通常都对开支锱铢必较。作为一个创业者，你的时间预算是有限的。所以你必须非常专注并严格控制自己的时间。这听起来或许很残酷，但是一位成功的创业者真的需要非常努力地工作——而且需要高效地工作。

第二种资源：人才

找到人才并非不可能，但找到合适的人才却非常困难。绝佳的团队应该具有能够实现优势互补的各种人才。几乎在所有成功的企业里，团队成员都会从个人角度认识并且理解对方。

那种不认识对方或者通过分类信息网站克雷格列表（Craiglist）结识就能组成成功团队的故事，恐怕只能是神话，而非现实。

“我总是会在形成创意之前就找好我的团队成员，”投资者和企业家李（In Sik Rhee）如是说。他是两家成功创业公司Opsware和Kiva的联合创始人。Opsware最后被惠普以16亿美元收购，而Kiva最后被网景公司（Netscape）以1.8亿美元收购。“我经常问企业家这样的问题，团队和创意，到底先有哪一个？你是先提出创意呢？还是先找好联合创始人？我认为这是创业过程的‘第零步’。”

换句话说，在创业之前，和你的联合创始人花几个小时讨论是否能用青豆来建造大楼——或者你能想出的其他五花八门的问题——会是一个不错的主意。

李说：“能有一个值得你信赖的团队是非常重要的。大多数创业团队都是由认识的人组成的，他们可能是大学里的朋友、室友或者是在同一家公司上班的同事……我看到的失败的新兴公司都是因为团队内部缺乏信任。有些创始人可能不够了解其他的合伙人，因此总是需要对他们的决定或执行情况一再确认并提出质疑。一个新兴公司经不起这样的折腾。”

很显然，友情和关系在这里也不能完全奏效。你要找的联合创始人应该是拒绝失败的人。你应该找那些有能力并有执行力的人。打个比方，你应该选择的是铁人三项运动员，而不是只会窝在沙发里看电视的人。尽可能多地向他周围的人仔细打听，看看他过去所做的事。在真正成为合伙人之前先试验一下。在这个方面，谢尔盖·布林和拉里·佩奇的例子几乎无法超越，他们先是为一个学术项目合作了好几个月，然后才考虑一起开公司。

同时，寻找其他技能互补的人才来组建你的团队，这也是非常关键的。

李接着说：“这样你才能和投资者谈判。比如说在一个两三个人的团队里，亨利是个技术天才和计算机高手，但是我也需要贾斯汀来解释我们要提供给市场的价值，同时也需要塞蒙来推销产品、创造营业收入……这才是投资者所乐见的团队。所以你应该使自己的团队多样化，而不是4个创始人都是只会写编码的电脑工程师。”不论他们多么出色、多么信任对方，都不能成就一个真正的团队。

马特·苏里克（Matt Szulik）是红帽公司（Red Hat）的联合创始人和前CEO，他也同意这样的说法。“优秀的实业家会参看经验曲线，他们会看盈利水平、创新历史以及创始人的领导力简历等。他们会问什么时候开始对创业产生热情……他们会参看价值体系，这些人诚实吗？他们是否正直？是否愿意讲真话？”

苏里克特别提到一家他曾经投资过的公司。这家公司的一位创始人深夜打来电话，说他已经将房子二次抵押以获得资金支持公司。

“我不想让你产生我对这家公司不够投入的印象。”苏里克回忆起那位创始人当时说的一番话，“现在想来，他根本不必这么做，但是我认为，他是想证明自己对公司的长期承诺，我认为这么做还是很罕见的。”

由于他表现出这样的决心和诚意，苏里克说：“我现在对他可谓是死心塌地了。”

创始人以外

不是每个人都能成为创始人。你很可能需要聘请其他员工、独立承包商和其他的团队成员。当你考虑需要聘请的人员和你需要填补的职能空白时，应该首先关注下面5项职能：

- 产品研发
- 销售
- 生产和配送
- 营销
- 内部运营

产品研发和销售在这5项职能中并列第一，因为它们能直接解决技术风险和商业风险相关问题。然后才有生产和配送的环节。营销是一个和销售配合使用的职能——像品牌化、性能、定价以及培养第一批客户等等。

要找到满足上述所有职能的人才，你可以遵循下面的5步流程：

- 第一，关注工作职能。想一想这5个职能中你最急需的是哪一个。
- 第二，为这个员工的个人职责写一份说明。
- 第三，按我们下面将要介绍的方法吸引一批应聘者。
- 第四，根据你的选择标准，挑选最优秀的应聘者。
- 第五，组织你的新团队为公司的前途和目标全速前进。

我们希望，你的联合创始人是你已经认识的人。但是，如果你想壮大自己的团队，应该从何处下手呢？下面是5个有价值的策略，按有效性从强到弱排列。

口口相传与人际关系

人际关系或许是招聘到优秀人才的最佳方式，但前提是你能够发现那些拥有你所需要技能的人才。你应该尽量在非正式场合去考察他们，或者探听关于他们的信息。要么你能去了解他们或在很多场合中观察他们，要么你能向你认识或信任的人询问他们的情况。想一想几个优秀的创始人团队。在拉里·佩奇和谢尔盖·布林成为联合创始人的60年前，比尔·惠勒特（Bill Hewlett）和戴维·普卡德（Dave Packard）共同创立了惠普（Hewlett & Packard）公司，公司的名字就出自两人的姓氏，他们是斯坦福的同学。苹果的创始人史蒂夫·乔布斯（Steve Jobs）和史蒂夫·沃兹尼亚克（Steve Wozniak）是朋友，也是共同的计算机爱好者。比尔·盖茨（Bill Gates）和保罗·艾伦（Paul Allen）是儿时的好友。陈士俊（Steven Chen）、查德·赫利（Chad Hurley）和乔德·卡林（Jawad Karim）原来是PayPal的同事，后来共同成立了Youtube。杨致远（Jerry Yang）

和戴维 · 费罗（David Filo）在斯坦福读研究生时是同学，后来成立了雅虎。在一家公司成立初期，总有那么一个时刻，参与者会气愤、感到失望，甚至是被对方激怒。因此，你和你的团队需要有一个共同参考的框架或融洽共事的经历，这样你们才能共同走过未来的风风雨雨。

来自员工的推荐

除了你自己在生活中或工作上可以利用的关系，你也应该充分利用你的合伙人或者员工的人脉。例如，你聘请了一个能和你融洽共事的技术人员或销售人员，就可以让他将之前的同事介绍给你。哈佛商学院的教授威廉 · 萨尔曼（Williman Sahlman）是这样描述的："你应该聘请那些了解行业并且在业内有知名度的人。"这不仅仅适用于大公司或者技术领域。事实上，雇用消费者熟悉的面孔对于小规模的市场来说恐怕更为重要。因此，如果你想新聘用一位工程师，应该问一问已经雇用的工程师。让最好的员工为你推荐，这种方式可以让你获得最好的新员工。

人才聚集之地

如果你想雇用一位技术高手，就应该去技术人才常去的地方——不论是在现实世界还是在虚拟网络空间。这意味着你可能要在大学校园进行招聘，或者从校友协会发掘人才。在网上也有专业论坛或者是信息平台，能够吸引特定领域的人才，此外，贸易展览和各种协会也能成为招聘的目的地。因此，如果你需要一个专业领域的人才，通常这样做都无可厚非：你可以去物色另一家公司在相关方面做得出色的人才，给他打电话，并尝试将他挖过来。

回顾一下我们最为关键、能够改变一切的规则：不要在现成的选择中挑选最好的；而要想一想可以实现的最好选择是什么，然后集中精力自己创造出这种选择。就选择人才来说，你可以发布招聘广告，然后从申请人中挑选最好的（也就是在现成的选择中挑出最好的），也可以去那些人才聚集的地方，然后在那里找到他们（也就是找到最好的人才，并让他为你工作）。

实时社交

将上述想法推进一步，我们认识的一位人力资源工作者向我们讲述了他的一项策略，名曰“实时社交”。当他有空缺的岗位时，会先在LinkedIn上搜索在其他公司任职这一岗位的人，给他们打电话，问他们是否对新的机会感兴趣。如果他们不感兴趣，他会感谢他们的宝贵时间——然后问他们是否能推荐可能感兴趣的两到三个同事。然后他再打电话给被推荐的人，重复上述过程：也就是如果他们自己不感兴趣，那么请他们推荐两到三个可能感兴趣的人。花一天时间好好完成这项工作，如果你已经对书中前六个模块的内容心领神会，那么最后就很有可能会有一群极具潜力的人来参加你的面试。

进行广告宣传

我们大多数人在找工作的时候，首先想到的就是要上招聘网站看看相关的职位空缺信息。但是这种模式对于雇主或者找工作的人来说都不尽完美。毕竟通过简历、工作描述或一个小时的面试能了解到的信息还是非常有限的。

但也不是说这些招聘网站就毫无价值。有时候，你可能急需招聘某个岗位的工作人员，招聘网站就能满足你的需求。另外，招聘网站还可能起到这样的作用：我们认识的一位非常成功的企业家（要求匿名）在刚成立公司之初，需要聘请一位工程副总裁，也就是他们公司第一位真正的产品研发专家。但是，他并不太了解一位软件工程师需要具备哪些详细的特质。他是怎么解决的呢？他登录Monster.com网站，搜索“工程副总裁”并阅读搜到的相关简历。在此过程中，他将这些简历里的背景复制粘贴，略去名字，将他们的教育背景和经验进行总结，最后就编辑出了一份工作描述，然后就成了他自己在Monster.com网站上的招聘广告。

也就是说，他从反面利用招聘网站成功地提出了自己对理想的工程副总裁的要求。而且在很多次面试之后，他最终找到了完美的人选。

评估应聘者

如果你已经找到了寻找人才的好地方，那么你寻找的究竟是怎样的人才呢？正如你评估潜在的联合创始人一样，在考虑潜在雇用人才时，也要回答3个关键的问题：

- 他们有能力做好工作吗？
- 他们愿意做这份工作吗？
- 他们是否和企业文化相符？

首先，你如何知道他们是否有能力做好这份工作呢？当然，如果你刚好是相关的业务专家，那么你当然可以让他们拿出一些工作样本以供评估。向他们提出一些假定挑战，让他们提供解决方案，并对他们解决问题的方式和解决方案本身给予同等关注。在几轮面试过程中，让他们完成相关任务。或者，如果你喜欢，还可以让他们在第一次面试前就完成一个项目。

但是，如果你完全不懂他们的业务该怎么办呢？工程师如何招聘营销员？销售人员又如何招聘技术专家呢？简言之，就是依靠搜寻的能力。就像我们那位将工程师的简历东拼西凑做成一份工作描述的企业家朋友，他最开始意识到自己并不具备相关背景，能够让他游刃有余地对应聘者进行面试。因此，当第一个应聘者进来的时候，他先开始描述自己计划建立的网络应用，然后问这个应聘者将如何实施。他对这个应聘者的回答作了详细的记录。当第二和第三个应聘者进来的时候，他问了同样的问题，然后运用他从第一个应聘者那里所学到的知识去追问后来应聘者的想法。当他面试到第25个或第30个应聘者时，他可能还是不能对这个行业有全面的了解——但至少他已经比刚开始时知道的要多，对于招聘一个优秀的员工来说，这些认识已经绰绰有余。

其次，他们愿意做这份工作吗？在这里，你要观察的是应聘者的动力所在。

那些潜在的应聘者到底对这份工作有多投入？他们为什么迫不及待地想要为你工作或者和你共事？你应该了解他们对职业道德的认识、他们是否诚信以及他们的态度。问他们一些不好回答的问题，逼着他们表达自己的喜恶，说出什么事让他们干劲十足、什么事他们不愿去做。例如，你可以给出 3 个假定的项目，让他们依据自己的喜好给这 3 个项目排序，并解释原因。如果他们最不愿做的项目恰好是你希望这个应聘者做的，那么你可能因此断定，他们在别处工作可能会更快乐。

你当然应该去看看他们的推荐信，但是不要仅限于应聘者自己提供的。你可以联系他们之前的老板或者同事，甚至可以联系他们以前的老师和教授。联邦政府在雇人的时候，即使是最基本的职位，也会去调查应聘者过去十多年里做过的工作。你是否应该对应聘者采取同样的做法？对潜在的员工进行这样的尽职调查，可能会让一部分应聘者感到惊讶，但是你真正想雇的人应该会为此折服。正如里根总统常说的，“我们要学会信任，但也要去验证。”

最后，他们能适应工作环境吗？这是最难评估的一个问题。这种问题很难用具体的方法得到答案，因为你需要看到员工在不同情境下的工作状况。通常，直到一个人通过面试、接受工作、上岗，和你共事过一段时间后，你才能真正开始了解他们。但是，你依然应该提前获得有关他们尽量多的信息。

红帽公司的马特 · 苏里克采用了一个很有趣的策略来提前获取这方面信息。他深信，人们在年轻时就会决定自己要取得怎样的成功。

他解释说 :“对于某些人来说，他们想取得学术上的成功，他们想在加州大学伯克利分校读博士。而有些人想在运动领域有所成就。他们想成为队长或者职业运动员。还有其他人可能想成为Google的CEO等等。在做出决定后，他们今后每一步所做出的决定都不断强化他们的决心，让他们锲而不舍地去追求那些目标。”

因此，在面试的过程当中，苏里克会简单地问应聘者“成功”的定义是什么，以及为了取得成功他已经付出的努力。

苏里克说："我提出这样的问题，然后默默地听着那些应聘者述说自己的成功模式和付出的历程，一个小时竟然很快就过去了。我觉得这种方式能产生两极分化的效果，那些有思考、有付出的人会让你听得津津有味，而那些说自己'从来没有想过这一类问题'的人就明显逊色了。"

这样的问题看似简单，但却能让你的应聘者帮助你，使你更容易做出最后的决定。

第三种资源：资金

资金是资源而不是目标。每次筹集资金，你都要放弃公司的部分所有权。所以说，除非你能够得到很好的资源作为回报，否则你应该警惕这种所有权的流失。我们当然不是说"永远不要去筹钱"，但是你应该意识到，在之前的某个早期阶段，所有公司都是内部筹款的。与之相对应的筹款方式，譬如风险投资，只有很小一部分公司能获得。但这也没关系。

要详细描述企业资金的问题恐怕需要一本书，但从很宽泛的角度来说，每进行一轮筹资，你都有可能要放弃 1/3 甚至一半的公司所有权。你还要注意很多例外情况和一些关键点：例如，在一份协议中，股东的权利以及不同的股票类别是最为关键的因素。因此，我们希望你们在读完《突破创业》之后，能继续进行自己的创业教育，我们可以向大家推荐其他很多资源，像保罗·冈帕斯（Paul Gompers）和比尔·萨尔曼（*Bill Sahlman*）的《创业金融：案例分析》（*Entrepreneurial Finance: A Casebook*）。

那么，你现在有哪些筹资的选择呢？

自筹资金

基本上每个人都会在一定程度上自筹资金。当你第一次做电话调查或者在个人电脑上用Google搜索估计市场规模时——恭喜，你已经成为一名自筹资金的创业者。事实上，不论创业者成功与否，他们都不能跳过自筹资金的阶段。

自筹资金有利有弊。一方面，你拥有大部分控制权，手续也非常简单（只不过要在每个月末处理信用卡账单）。如果事情进行得很顺利，你也不必和其他人分享所得。而且在最开始的时候，你也不用去说服别人相信你的创意。

但另一方面，“利”有时也会转化为“弊”：如果事情进行得不太顺利，你就耗费了自己的时间和金钱。由于在创业之初就不需要说服其他人，因此你也没有可以共同商量的人。但拥有制衡的力量通常都能收获更好的结果。在当今时代，你不需要投入太多就能走得比较远，但是要记住一点：要用最低成本获得最多信息。在确定自己提出了绝佳创意之前，或许最好的策略就是限制开支，然后再开始尝试筹集外部投资。

自筹资金还有一个更为重要的方面需要考虑。许多创业者通常都因为自筹资金而负债。一般来说，所有贷款方都要求创业者——尤其是首次创业者——提供抵押。按这种方式，你最后可能会抵押房屋、透支信用卡或者申请保证金贷款。这样做非常冒险——我们这里说的可不是汤姆·克鲁斯主演的动作冒险片。因此，我们要再一次强调：用最低的成本尽早地获得最多的信息。

自我发展

一些企业家很幸运，他们成立的企业可以利用自身的盈利实现自我筹资。换言之，企业发展产生的现金，实际上足以支撑自身的发展。此处的优势与自筹资金的优势非常相似：你不必分享自己的所得，也不用让出控制权或者尝试说服其他人。或许两者的不同之处在于，如果你能实现自我发展，那么至少从短期较可靠地证实了你对自己创意优势的想法。

这种方式在很多情况下都是最佳的筹资策略。这本书大部分内容意在帮助你实现自我发展的商业模式，或者至少能让你一步步地走向这种模式。当然，要记住你的发展机会将受限于公司所产生的利润。

因此，这种筹资方式虽然罕见，却是一种很好的方式。为了能够实现自我发展，你应该巧开支、低开支，提前测试自己的想法，然后想办法得到那笔自我发展的资金。

朋友和家人

当你决定要筹集更多资金时，首先想到的可能就是你的朋友和家人——和你关系最为亲密的人。这样做当然有其优点。因为这些人已经很信任你，所以说服他们支持你肯定比说服一个陌生的机构来得容易。如果他们想参与其中，并施以帮助，将能锦上添花，提供资金或许是他们参与进来的一种方式。但这一切很大程度上都取决于你之前和他们的关系如何。

但这样的做法也同样有其弊端。虽然他们在困难的时候更可能会与你相濡以沫，但是，如果你向父母或亲戚借了好几千美元，但后来事情却搞砸了，这就很可能会影响到你的家庭生活。例如，感恩节的气氛就会变得很奇怪。此外，考虑一下相反的一面：如果你在开始时拒绝你的亲朋好友投资，而最后公司又大获成功呢？有些成功的企业家通常都严格遵守一项规则，那就是事业和家人不能混淆，但有一些企业家却能让两者和谐相处。你的情况可能就要根据自己的实际而定了。

非专业天使投资人

除了寻求亲朋好友的帮助外，你下一个寻求投资的对象可以是那些“非专业的天使投资人”，也就是拥有大量财富而且愿意为你的公司投资的个人。根据经验，这样的人应该至少有资格成为美国证监会（SEC）认证的投资者（一般意味着他们两年内至少要有 20 万美元的收入）。

此外，还有可能投资 10 万~20 万美元的一些潜在投资者，因此你的选择还是很多的。非专业的天使投资人可能不会对你采取太多微管理——但是风险依然存在，那就是他们在不了解业务的情况下还要对你采取微管理。也就是说，除了你的合伙人和现实生活中的另一半，你现在又多了一个伴侣。这将使公司变得更为复杂。

资深天使投资人/天使投资人组合

再下一步，你可以去找资深的天使投资人或者天使投资人组合——也就是你个人的安迪 · 贝托谢姆。有很多天使投资人组合，如YCombinator和Band of Angels等。你可以登录Angelsoft.net网站，只要花200美元，就可以向本地甚至是全美的天使投资人展示你的创意。对于个人天使投资人，你可以找像Google这样的上市公司的经理为你投资，他们很早就进入了行业，因此有能力为一家新企业投资10万美元。

通常，天使投资人组合有行业知识，之前也已经有诸多行业的投资经验，而且很可能具备一套正规的评估流程。而困难在于，他们在财务方面也有可能比你老练得多。因此，他们的影响力和控制力将超过你的预期——但这也可能是一个积极因素，因为他们不仅会带来资金，同时也会带来经验和人脉。在最好的情况下，天使投资人组合就像额外的联合创始人，他们是一群聪明人，对于公司来说举足轻重，并希望公司取得成功。也就是说，他们出钱，你出力。这种模式一旦奏效，将是一种非常不错的选择。

超级天使投资人

这是更新的一种投资人形式，指的是那些投资数额与一些传统的风险投资公司不相上下的个人投资者。其中一个例子就是我们在这个模块开篇引言中提到的兰姆 · 施雷姆。还有罗恩 · 康威（Ron Conway），他是Google早期的投资者之一，获得巨大的回报后他又投资了很多创业公司。

从积极方面来看，这些投资者通常都有良好的信用记录，而且也有现成的创业流程。从消极方面来看，他们很可能会投资于很多公司，所以你不知道你可以吸引多少注意力。另外，他们都是非常老练的投资者，所以说，你最好确保自己很了解公司财务——或者，至少你的顾问或律师要很了解——然后你再签署投资意向书。

风险投资

风险投资公司通常投资的是一大笔钱，而且它们非常遵守流程。它们的资金来源多数是养老基金、捐赠和富裕人士资产。这些风险投资公司小的价值 5 000 万美元，大的价值几十亿美元。通常来说，风险投资公司在一家公司里的投资在 1 亿~3 亿美元不等，而且通常分几轮进行投资。它们集中分布在硅谷和波士顿，还有一些在奥斯汀、芝加哥、洛杉矶和其他一些地区，它们都在寻求数量相对较少但具有真正潜力的新创意。

从好的方面来看，有些风险投资公司经验丰富，出手阔绰。但是也有缺点，那就是对于风险投资公司来说，从创业公司身上赚钱是它们的目标。它们能为企业的成立提供很好的帮助，但同时，你也要做好心理准备，它们也会为利益锱铢必较。相比于个人认证投资者，它们在你成功的道路上能为你提供更多，但同时，它们可能也要拿走很多作为回报。

如果你决定要找一个风险投资公司，那么你应该先找一个为这家公司所熟悉的人为你引荐。通常这意味着你要找一个律师或者有名的企业家或行业人物——或许是你顾问董事会里的成员。这些风险投资公司每年会收到大量的商业计划书，所以投资者可能只会去读那些熟人介绍的方案。有些重要的建议值得重复：将投资者想成是达成目的的工具。你的公司可能需要资金才能启动并成长。你可能会获得精明投资者的建议，和他们结成真正的伙伴。但是，筹集资金永远都不是最终目的。创业者的目标应该是去解决消费者痛点，并追寻机会。

保护知识产权

创业者通常都会担心，在自己招聘团队成员和筹钱时，自己的创意会遭到他人剽窃。你可能会问自己这个合情合理的问题：我应该怎样保护这些来之不易的资产？这个问题很重要，但同等重要的是你如何防止他人控告你，说你的企业侵犯了他们的知识产权？潜在利益相关方肯定想知道你在这方面做了怎样的防范措施。

在我们谈到这些领域的时候，想要提醒你，不要将我们的话当作法律意见。如果你的商业创意技术含量很高，或者你很重视知识产权保护，甚至认为它是你企业的核心，那么你在早期的企业规划中，就应该将用于专业法律意见的预算囊括其中。

但同时，对于大多数创业者来说，相对于别人在你成立公司之前剽窃你的想法，你的公司根本无法成立的风险通常要更大。你将自己的创意展示给投资者，而他剽窃了你的想法，把你挤出去，并和另一个人成立公司，这样的可能性还是很小的。即使如此，也存在例外情况，同时也说明了为什么在展示自己的创意之前，要对对方知根知底。如果他们是老练的投资者，而且他们已经在你的竞争对手的公司里进行投资（或者在商议阶段），那你几乎可以肯定，他们一定会把你告诉他们的所有重要信息都和你的竞争对手分享。

所以再次强调，如果你要创立的企业会涉及很多知识产权的问题，那么你就需要聘用一位律师。但同时，一旦聘用了律师，基本上就等于将“用最低成本获得最多信息”这一原则抛出了窗外。但是，如果你在公司成立初期无法拿出两万美元用于法律事务，那么在你聘用律师之前，还能做些什么呢？

在这里，你应该至少要注意 3 个关键的知识产权问题——商标、版权和专利。也有 3 方面都涉及的问题，比如，在你被别人雇用的时候，你所研发产品的知识产权到底归谁？

商标

商标是用以描述产品或服务来源的名称、标志或者其他形式。一个有效的商标应该区别于其他商标，具有排他性、独占性和唯一性，同时不能包含太多描述性内容或者普遍存在的事物，否则，按照情理，商标将无法专属于一家企业。比如说，可口可乐公司称其商标包括可乐（Coke）、可口可乐（Coca-Cola）、这可是真家伙（The Real Thing）等几百种，但它却不能将“苏打”和“汽水”作为自己的商标。同样的，Google也尽自己所能去确保“Google”一词不会成为“上网搜索”的代名词。

美国的商标分为州商标和联邦商标，你还可以雇用一些公司帮你进行商标搜索。但在现在这个时代，你至少可以做些最基本的工作。当然，你可以“Google”一下你想用的商标（我们是想说用“Google”搜索一下你想用的商标），或者看一看是否已经有人用你理想的商标名注册使用了域名。你不应该仅仅将结果搜索限定为精确匹配。因为任何相似的商标都有可能造成商标侵权。例如，如果你想成立一个租车公司，你当然不能取名为Zipcar，因为这个商标已经被注册。但你也许也不能叫它作“Zingcar”或者“Zipauto”，或者任何可能让消费者容易混淆的名称。

另外，要记住不仅仅是文字能成为商标。产品的标识、设计，甚至是形状和颜色都能成为商标的一部分。如果你要成立一家汽车公司，我们不会建议你使用一个蓝色椭圆形的标识作为商标（因为这将和福特汽车雷同），如果你要成立一家电脑公司，我们也不会建议你使用水果来作为公司标识（比如，苹果公司）。

一般来说，你的商标越原创，越与众不同，你就越容易申请商标注册，也更容易为自己辩护。如果要合法地保护你的商标，那么就花400美元登录美国专利和商标办公室（U.S. Patent and Trademark Office，简称为USPTO）网站注册即可。你也可以另外再花150~200美元请其他公司为你准备好相关的文件。

版权

根据美国法律，版权是对“原创作品所有权”的保护，如图书、录音、游戏、画作和软件都是受保护的对象。一般来说，你不必去费力确保你创造的作品会受版权保护。因为只要你的作品以可感知的方式固定下来——例如写下来、画出来或记录下来——那么，你就会自动受到版权的保护。至少在美国，仅仅是创作这个行为，就可以保证作品在作者有生之年以及去世后 70 年里受到合法的版权保护。虽然你不需要在美国专利和商标办公室登记你的作品以获得版权保护，但我们还是建议你去登记。这样等于向全世界宣告你的作品是受版权保护的，即使在他人侵犯你的版权时，也能更容易为自己辩护。申请登记的过程很简单，在专利和商标办公室的网站上有表格可以协助你完成登记。

但是，你必须要注意，在你的版权里可能包含别人已经申请过的版权。如果你在某种程度上使用或买卖他人的知识产权，那么这将是尤须注意的一个大问题。在现代社会，这个问题值得思考，特别是如果你想要成立一家借助用户创造的内容的互联网公司。假设你要成立一个约会网站——你能否用会员对自己的描述打广告？在你起草服务条款的时候，最好还是请一个律师进行咨询。至少，你应该提前了解这个行业中的大企业都在使用怎样的服务条款。

专利

专利是由政府授予发明人，以将发明与公众分享的一系列权利。发明者有权利在 20 年内禁止他人使用他申请过专利的机器或者其他物品，也就意味着发明者可在 20 年内以垄断的方式拥有他的专利产品的制售权。如果你需要基于专利建立你的公司，那么你肯定要聘用一名律师。你自己来完成专利申请是没什么好处的（虽然人们经常这么做）。问题不在于你不知道怎么去描述先进的技术，而在于你可能看不到你的申请中存在的缺陷，即使申请通过了，可能要在很多年后，你才能发现自己的问题。在很多行业中，你可能要接受惨痛的教训才能发现问题：有一些被称作“专利地痞”的公司，专门买断专利，然后去起诉那些潜在的侵权者，你就有可能成为它们眼中的一块肥肉。同时，我们现在讲的是美国专利程序，但是我们却处于一个全球化的市场，因此你必须要清楚国外的竞争对手会在何种程度上认可美国专利。可以确定的是，如果你创造出的产品在美国大获成功，那么一定有一些海外的专利侵权者非常迅速而且是明目张胆地进入市场。

在你将要面临的所有知识产权的问题当中，专利应该是最为复杂也最需要花钱去解决的一个。但我们要再一次强调：不断寻找。你不一定在最开始就拨出数万美元为打官司做准备。如果你才刚刚起步，并且尝试着“用最低成本获得最多信息”，那么你终会找到一个同意你在筹集资金之后再付清相关费用的律师。

保密协议

潜在的创业者通常都想知道如何让利益相关方签订保密协议。事实上，这几乎是不可能完成的任务，至少在刚开始创业时很难做到。如果你一开始就甩出一张纸对你的投资者声称，如果不按照一定规矩行事就要起诉他们，你恐怕难以给他们留下美好的印象（事实上，很有可能是你要签署一份免责协议）。因此，如果你将来开会并可能在会上谈到一些你认为是合法的商业秘密，那就该让律师起草一份保密协议了。

另外，对于绝大多数还未成立企业的潜在创业者来说，要采取保密协议或其他形式来保护企业通常都是无效的。虽然你有法定权利使保密协议生效，但是，如果你的创意还未实现，又如何去起诉他人呢？你要么需要花一大笔法律费用，要么说服律师并证明他人的确造成了极大破坏。但是，在你真正成立起自己的企业之前，要这样做是困难重重的。

你现在的老板：警言一则

还有一个知识产权的问题需要引起你的重视。你要避免一种情况出现，那就是你在离开原公司自立门户的时候，原来的老板可以说你的知识产权——甚至是你的创意——都是你在为他工作时产生的。因此你要考虑的一个重要问题是：你开始为现在的老板工作时签署过怎样的协议。你是否签署过要求你在一定时间内不得受雇于另一家类似企业的竞业禁止协议？你是否签署过“卖身契”？规定你在受雇于这家企业的时候，你所创造的一切都属于雇主的知识产权？

记住，你不应该仅仅把自己放在一个可能胜诉的位置上，而是要尽力完全避免这些灰色区域，因为没有创业者希望在打官司这件事情上浪费自己宝贵的资源。恐怕没有比打官司更快捷的方式能够将一家新兴企业扼杀在摇篮中。

现在来举一个反面例子。2001年，一家加州的玩具和游戏公司MGA推出了它最为成功的产品：一系列名叫贝兹（Bratz）的娃娃。贝兹娃娃就像大头版的芭比娃娃[由其竞争对手美泰公司（Mattel）生产]，但外表更加鲜明张扬。这种相似性并没有让美泰感到惊讶，因为贝兹娃娃是由美泰的前雇员卡特·布兰特（Carter Bryant）推出的产品——据称这是他还在为美泰工作时产生的创意。

那么，到底谁对贝兹娃娃具有真正的所有权？这个问题已经困扰了加州法庭数年——特别是贝兹娃娃的业绩扶摇直上，每年营业收入已经达到20亿美元，并且抢占了美泰的市场份额。到目前为止，美泰已经在联邦法院赢得一场官司，但是遭MGA上诉推翻。因此，美泰又想重新推动这一官司，而这时，MGA又对美泰进行了反诉……

这个故事还将继续下去。

我们不知道MGA是否窃取了美泰的知识产权，而且，我们也不需要知道真正的答案。但这个故事却给我们上了重要的一课：如果你想成立一家赢利的公司——而不是为一群律师谋生——就要额外关注你的知识产权。（也要因此关注知识产权的缺失！）

大背景
Breakthrough Entrepreneurship

还记得哈佛商学院教授关于创业定义的最后一部分吗？就是：“不在乎你现在掌握的资源。”

这句话十分鼓舞人心。如果你相信之前熊彼特的话，那么就要牢牢记住。创业者是局外人，而且根据定义，在最开始的时候，他们通常没有可以帮助将创意转变为企业的资源。但是，我们的自由市场正是需要这样的局外人，因为他们能够跨越看似无法战胜的概率问题，最终推动真正的进步。通过追求机会，你实际上可以帮助整个社会更好地分配资源。

我们今天所推崇的很多成功的创业故事都源于一两个有智慧的创始人和他们的创意。你应该因此倍感鼓舞并追随他们的脚步。1998 年夏，Google 还只是一个有趣的创意、两个聪明的朋友、一个租来的车库和一张无法马上兑现的 6 位数支票。那么从 1998 年到现在究竟发生了什么呢？和其他成功的创业故事一样，这只是时间、人才和资金的问题。能与调集正确的资源相提并论的，恐怕就只有企业家能够有效处理资源的能力了。在下个模块里，我们将详细谈到这一点。

模块八

“管理让人在成功的道路上加速前行；而领导力则确保人们朝着正确的方向前进。”

——史蒂芬·柯维

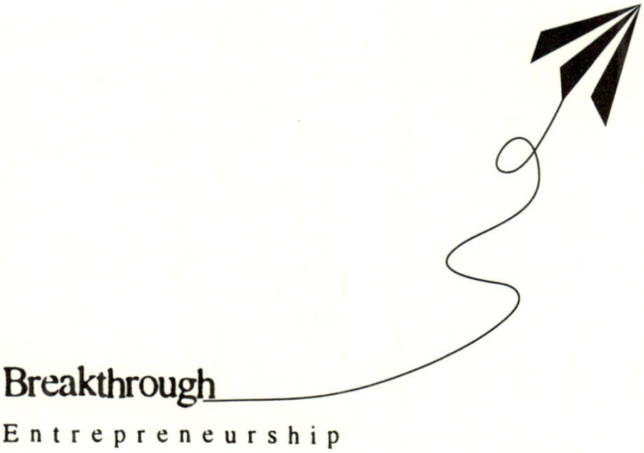

学会领导

你已经拥有一个很好的创意，甚至可能已经获得一定的客户基础。你已经说服一些投资者认真考虑你的创意，甚至可能已经筹集了一些资金。或许你已经雇用了一批员工和几个实习生，他们仰望着你，期望你的天才智慧能够感染他们。至少，你很可能已经有一两个合伙人，或者一些外部供应商已经准备为你供货，帮助你实现自己的计划。

这时候，你突然发现自己面临一个关键的问题，一个你不断重复问自己的问题：我怎样领导这些人？调集资源很重要，但是，真正的创业者如何在获取资源后有效地进行管理呢？

有人会说如果你想要领导别人，就必须先学会顺从。假设你现在是世界上最成功的公司之一 ——沃尔玛的一名员工。你是一名年轻能干的零售客户经理，擅长达成大笔交易和压低成本，现在你刚刚接受沃尔玛的这份新工作。任职数周后，当老板让你和他一起去见公司最大的供货商时，你跃跃欲试并将这项新任务看作老板信任你的表现。

你一直都是自己安排出差计划，因此你决定乘坐早上较便宜的航班，这样就可以提前两个小时到达会场。你问老板喜欢哪家旅馆。他提到了一家经济型连锁酒店，这让你联想到长途卡车司机和那些还处在创业初期的公司创始人，但是你又暗暗想“入乡随俗吧……”。

你预订了两间房，并很快在网上搜索到你们要去的城市有一家评价不错的餐厅。你预订了座位，想着自己可以和新上司共享美好的晚餐，甚至还可能在出差途中和他增进感情。

但是，接下来的事情却出乎你的意料。出发前几天，一位负责出差事宜的经理打电话告知，你的航班被改到了早上六点，而且你被安排坐在经济舱的中间座位（票价可以节省 40 美元）。他提醒你，你的出差补贴每天只有 25 美元，所以恐怕无法负担在高档餐厅进餐。但最让你吃惊的却是，他不能理解你为什么预定了两个酒店房间。

沃尔玛的员工出差时，都是在一些汽车旅馆里两人同宿一室，这种传统已经持续了数十年，是沃尔玛的创始人山姆·沃尔顿留下来的做法。他将沃尔玛从一家小商店变成了美国最大的零售品牌，并在这个过程中改变了整个行业的面貌。他的成功主要基于两个关键因素。首先，沃尔玛研究出创新的方式去追踪并控制存货。其次，沃尔顿不顾一切将商品的价格压低——他和供货商进行了艰苦卓绝的谈判，以保证尽可能低的成本。让员工两人同宿一室便是在这样的情况下形成的传统。

在这个过程中，沃尔顿聚集了美国最大一笔财富，但他却坚持说他做的一切从来都不是为了钱——至少在他获得一定的财富和舒适水平之后不是。他驾驶一辆旧皮卡，喜欢穿在自己店里卖得便宜的衣服和鞋子。据说，他还经常向其他高层借零钱。但他还是深得员工们的喜爱，因为在他的领导之下，沃尔玛发展成了行业巨人。

那么，再次假设你现在是沃尔玛的那名新员工。你在出行前夜睡觉前，还对和你的上司在汽车旅馆同宿一室这件事不乏抱怨。公司对于差旅费用的吝啬充分体现出有效管理资源的道理。你将闹钟定在早上4点，这样才能及时赶上你的廉价早班航班，你在想：我究竟到了怎样一个鬼地方？但事实就是如此，你只能选择顺从。

在新企业中领导员工并管理资源

在创业之初，领导者面临着一个非常明显的抉择。你要在众多的可能性当中找到自己的领导风格（在某种程度上这是一个选择）。让我们来想一想你可以选择的两种方式。一种是在管理员工和资源时，采取相对放权的方式，我们在此称这种领导者为放权型领导者；另一种则是采用相对集权和控制的方法，为了简单明了，我们称之为独断型领导者。

在任何规模的企业里，不论在哪一个阶段，放权型领导者会从横向和纵向去衡量他们招聘的人才。他们会告诉自己，没有人知道所有的答案，因此他们用达成共识的方式来领导员工，力求发掘团队成员的每一点知识、智慧和动力。而独断型领导者则截然不同。他们强调自己的目标，并坚持要求所招聘的人才坚守他们所期待的目标甚至是行事方法。

放权型领导者的模式有以下几个优势。领导者不必事事孤军奋战。另外，他们可以指派在某方面知识或经验最为丰富的人来完成与之相匹配的工作，让员工们能够各尽所能。正是这种放权和简化的模式，构成了被看作最佳商业领导力和策略专家建议的核心。专家们认识到，长期来看，只有当公司的流程高效成熟，能够让团队的所有成员各尽其能的时候，人们才能最为高效地工作。

虽然放权型领导者的模式有诸多优点，但是，对于尚未定型且享有高增长的公司，也就是你计划成立的公司，这种模式却具有一大弊端。作为一个初出茅庐的创业者，你可能无法将长远目标作为你的首要任务。在你尽力调集了启动所需的资源后，肯定会面临时间、人才或资金方面的障碍。你必须不断地想办法用比你的竞争者更少的资源产生更多的效益。

企业领导者的义务

创业公司要应对的是一种极不确定的情况。这通常需要一个意志力坚强和独断的领导者——或者最多是一小群领导者。如果你遵守了我们到目前所讲的创业流程，你就有权利当一个独断型的领导者了。事实上，你可能有义务要成为这样的领导者。

我们现在用投资世界来类比领导风格以帮助理解。投资者可以通过两种方式来战胜市场。一是他们可以获得独家信息，二是他们可以用独特的方式来分析人人都可以得到的信息。当然，要获得独家信息应该以合理合法的方式。例如，如果你已经测试过自己的想法，也做过我们所提倡的独立研究调查，那么你已经为自己作为一个企业家创造了优势。这也就是为什么我们反复强调遵守这本书前几个模块里的建议非常重要。如果你还未获得别人没有的可靠数据或见解，那么其他一切也就不重要了。

从探索创业的概念开始，我们已经非常不幸地看到，有很多企业在成立之时，都没有对市场的需求形成真正经过测试的看法，也没有想清楚自己的企业要解决什么问题，或者自己提供的产品和服务到底具有多少价值。因此，从大的层面来看，研究这种现象并对公司进行投资的人们必须假设：最好的情况就是每个人都能够获得同样的信息，而结果就是他们将大部分精力集中于如何以更为聪明的方式来处理这些信息。

这对于一些成熟行业中的较大公司来说尤其如此。这并不意味着像宝洁这样的公司会对社交网络形成独特的看法。更可能的情况是，它们建立起一个稳定、可预测的管理架构，这样就可以对现存的产品如汰渍洗衣粉做出逐步的改良。这样也挺好。因为这是它们搭建管理架构所要达到的目标。事实上，它们的股东很可能希望看到这种可预测性。假设你是股东，你也不会愿意将自己的养老金投到像 21 点这样不确定的游戏上。

但是，你并不是像宝洁这样的成熟大公司。作为一个创业者，你在不断地去尝试获得独家信息：到底未被满足的消费者痛点在哪里？你怎样改善自己的价值定位？市场有多大？当你对这些问题形成看法之后，发挥每个人的专长，设计一个管理资源流程，就不再是适当的管理风格。我们相信，在这个时候，你应该要表现得更像一个教练、船长或者军事将领。

山姆·沃尔顿和领导力

我们当然鼓励你以尊重的方式对待你的团队成员。如果你不信任他们，不尊重他们的才华，那么很可能在最开始的时候就不应该聘用他们。但创业公司需要领导者的强大意志，来带动整个公司的发展。另外，尊重人和当指挥官是可以完全不冲突的。聆听来自团队其他人的意见？当然要这么做。但是最后，一个独断型的领导者应该敢于吹响号角做出决定。

这就让我们回到了开篇时提到的山姆·沃尔顿的例子。沃尔顿出生于俄克拉荷马州，1940 年毕业于密苏里大学。他先是在杰西潘尼百货公司（J.C. Penney）担任管理培训员，后来在第二次世界大战中参军。战争结束后，他买下了本·富兰克林折扣店位于阿肯萨斯的一家连锁店。他聚精会神，孜孜不倦，最终让他的店成为连锁店中最为成功的一家。沃尔顿和供应商进行了艰苦卓绝的交涉，将进货成本压低，同时，他的店面营业时间比其他竞争对手要长。在 1962 年成立自己第一家“沃尔玛折扣城”的时候，他也沿袭了同样的策略。

记住，沃尔顿在成立沃尔玛的时候已经 44 岁了。他已经花了十几年的时间学习怎样做好零售业。他对于零售业的认识比竞争对手更加深刻，而且他也充分利用了自己的认知优势。

正是由于这种深刻的认知，加上沃尔顿的专注和努力，他最后成就了大业。他每天早上 4 点就到达上班地点。在公司壮大的过程当中，他要求员工们努力工作，并且在每周六上午召开高层例会。他在家休假时，还不忘看看竞争对手的业务情况。为了鼓励员工，他甚至承诺，如果公司达到营业收入目标，他就穿着草裙在华尔街上跳舞。

虽然从长期来看，沃尔顿是善待员工的，他带领公司时薪水高，而且员工也分享了公司的成功——但是从短期来看，他对员工的要求非常严格。人们提到沃尔玛的高层时，通常会想到匆匆忙忙、精神紧张的形象，他们很害怕自己会辜负沃尔顿的期望。甚至沃尔顿 50 岁的CEO继位人也因一整天的会议而心脏病发。大家都说这是压力惹的祸。

但是，沃尔顿一直相信——后来也证明是正确的——他的团队成员需要他将公司的期望设得更高，这样他们才能更好地去努力达成这些目标。他深知自己的员工不需要他像一个朋友或慈父一般。他们需要的是一位真正果断的领导者，这样才能帮助他们有所成就。

高风险和低风险

我们给出的建议似乎与一些商业领导力和管理专家推荐的做法有一些出入，特别是和彼得·德鲁克和威廉·爱德华兹·戴明（W. Edwards Deming）这类大师的追随者意见相左。我们想再次强调为何我们会提出不同于他们的看法。因为我们针对的是一小类特殊形式的企业——即高增长、还未定型的企业。而大多数学者或专家都在尝试为那些大规模、适用范围广的公司寻求最佳实践。也就是说，他们寻找的是可预测、可复制和确定的策略。大多数情况下，他们都愿意为了流程和可重复性牺牲速度。

换种方式说，也就是他们寻求的领导风格是低风险的方式——也就是稳定性更强、可预测性更强的模式，而我们主要是针对一些小企业主，正如你们。你们希望实现的是快速、强劲的增长。传统的放权型领导模式很可能会让整个经济实现资金和资源的有效利用，但创业企业却通常需要一种不同的更为实际的方式。

但是，当你的公司渐渐壮大后，你可能会更多地依赖于德鲁克和戴明所提倡的放权型领导模式。当你的员工人数从几百人增加到几千人的时候，你可能必须得像微软的比尔·盖茨一样雇用一个斯蒂夫·鲍尔默（Steve Balmer）或者像Google一样雇用一个埃里克·施密特（Eric Schmidt），帮助打理公司日常事务。但即使到那个时候，一些增长强劲的最成功的公司似乎依然会得益于一位强势主动的领导者作为创始人，这个领导者应该充满热情、知识渊博，但也要能将自己力所不能及的一些架构或流程交予他们信任的人。

但这些都是后话了，当前你正在运营的是一家只有3个人的公司，你要用自己全新的产品打入一个全新的市场，你怎么可能在这个阶段就学会如何去打造一个权力架构呢？而且你也没必要这样做。你现在最重要的是保证高效、灵活，做好准备去追寻机会，而不管它将把你引向何方。

独断和放权

当看到像微软或Google这样的公司时，你的结论可能是，原来创新确实可以在大的体制内生存下来。但是，当许多大型技术公司发布新产品或新发明时，这些创意却同样本不该由那些被大公司收购的小公司提出。例如，在2010年，Google掀起了一阵收购狂潮，收购了一系列在社交媒体方面推陈出新的小公司。在仅仅一个月的时间内，Google就斥资数百万美元收购了6家不同的社交网络公司。想一想：在过去这些年里，Google几乎召集了全世界各地最有才华的计算机工程师。它们似乎有源源不断的资金，它们甚至告诉员工将20%的时间花在他们愿意做的事情上。但尽管如此，是谁创造出了领先世界的社交网络？是一个还住在宿舍里的大学生——而现在Google不得不疯狂地进行收购，希望有一天能和Facebook比肩。

看一看福布斯世界富人榜的名单，你就会发现位于榜首的那些人不是独断型的领导者，就是从独断型的领导者那里继承了巨额财产。

卡拉·斯韦什尔（Kara Swisher）曾是《华尔街日报》的记者，她现在是具有影响力的网上出版物AllThingsD的出版人和作者，她的工作就是关注以上问题。她告诉我们，在今天最成功的企业中，“都有一个非常有领导力的创业者处于核心地位，做出所有决定……在一家企业里，你必须要具备这种强势的思想。像微软，比尔·盖茨让员工们为他工作，没有谁高谁低的问题，因为他们本身就是不平等的 。在苹果公司也没有平等之说。乔布斯高高在上，然后下面是其他所有人。这样的模式最后真的成功了，它有什么理由不成功呢？”

再举另一个例子。在今天，查尔斯·弗格森（Charles Ferguson）由于获得过奥斯卡最佳纪录片奖项而广为人知，他拍摄的《监守自盗》（*Inside Job*）深刻地描述了金融危机，而《遥遥无期》（*No End in Sight*）则讲述了美国入侵伊拉克。但在20世纪90年代中期，弗格森曾是一家早期互联网软件公司——维米尔科技（Vermeer Technologies）的创始人兼CEO。他很有雄心抱负，而且对待员工非常严苛。一次，公司一位工程师的妻子怀孕了，因此他请假陪伴妻子。据称，弗格森把电话打到了那位工程师家里，叫他立刻回办公室，说他没有完成自己分内的工作。弗格森把气氛弄得十分紧张，很多员工甚至都不想和他说话，因此他不得不安排一个手下将他的指令传递给公司其他员工。

为什么弗格森如此专注？为什么他要作一个独断甚至看起来近乎专横的领导者？这是因为他觉得自己的公司成长和取得成效的机会很小。维米尔科技研发出一种软件，可以让非专业程序员去创建自己的网页，这在当时还很罕见。网景公司当时正在推出第一个商业浏览器，而微软也在研发互联网浏览器（Internet Explorer），弗格森意识到这两家公司肯定会开始仿制他的软件，这让他无比惊恐，因为他害怕机会之窗将要关闭了。这就解释了为什么他不近人情地要求员工们每周工作100个小时。结果是员工们确实创造出了业绩，公司得以成长，最后以1.33亿美元被微软收购（这也解释了为什么弗格森现在能花时间拍纪录片）。弗格森公司的产品更名为微软的FrontPage，成为Office的系列程序之一。

我们有必要讲一讲到底在现实生活中运用上述不同的方法意味着什么。即使是那些动力十足、坚定自信甚至是以自我为中心的人也会有怀疑自己的时候——就像你会屈服于那些合理的外部意见或是你聘用的聪明有才华的某个领域的专家。

回顾一下我们之前写到的内容：为不同的工作岗位，如产品研发或销售，聘用该领域中知识渊博、经验丰富的人。在放权型领导和注重流程的模式里，你应该培训你的团队，确保所有人都能够协调同步地工作。你应该建立起一个成熟、利于授权的管理架构，让不同人的责任和权力泾渭分明。你应该描述每个人以及和他们共事的人的工作目标，让他们和你一同制定时间表和目标。你应该建立起一套流程，协调重大决定、设立预算并定时召开规划和营销会议。你应该开展多项培训和相关活动，让员工们更准确地了解客户的需求、产品以及自己的目标所在。

但是，这种模式的缺点很快就显现出来了。在这种模式下，完成一件事情的时间被拉长，而公司的创新力却在下降。最后导致过多的人参与到决策过程中来。这时候，一些人就会从个人的角度去思考："我是一个人力资源专家"，或者"我是一个工程师"，而不是"我们怎样提出有利于公司进步的重要创新"。你的企业很快就会被条条框框所限制。作为一个创业者，你根本没有时间去经历这些。与其如此，你还不如回到自己的小隔间里。

而作为一个独断型创业者，你应该对你的目标、重点和动力近乎偏执地坚持。你要长时间地工作，并且带动所有员工这样做来支持你。你一定要坚决果断甚至顽固不化。你没有时间召开接二连三的会议或陷入歇斯底里的绝望。希望这也意味着你的公司内部一致性更强，因为你一个人而不是一群人将决定公司的走向。因此你所做出的妥协更少，你的产品或许能更快面市，产品定位也可能更加清晰。如果你个人能力很强，而且很适合这个行业，那么有可能你个人推出的产品甚至优于一个团队推出的产品。

当然，我们也要注意到这种模式的副作用。例如，查尔斯·弗格森说他在建立维米尔并将它最终卖给微软后，曾有一段时间因为压力过大而无法入眠。

同样的，独断型领导者可能会让自己的团队感到沮丧，因为他们觉得领导者没有重视自己的贡献，而且缺乏聆听。他们当初加入公司或多或少是因为拥有一些创业精神。但是，他们很快就意识到自己在你的公司里最多只是个配角，至少在起步阶段是这样。作为领导者，你要严格要求，但也应尝试避免百分之百地疏远员工。有一个方法可以做到这一点，那就是设立一些短期成果，我们之后还会就这个方法展开叙述。要确保员工知道自己在向什么目标前进，这样他们就不会觉得自己在没完没了地工作，却得不到任何回报。

另外，有时候你需要思考自己是否在浪费资源。如果你为企业设置的是一种由你来做所有重大决定的架构，那么你有时候可能会倍感孤单。所以在此再次强调，你应该好好掌握并运用之前的模块中所提到的流程，这非常重要。

最后，还要考虑一个方面——即使是我们觉得最能为企业带来光明前途的领导方式，也存在弊端。人们常说成功的因素数不胜数，但失败却找不到源头。如果事情进展得很顺利，那么几乎所有的参与者，都会认为自己实际上是合伙人，而且是公司成功的关键。你可能得不到你认为应得的所有奖励，但可以肯定的是，如果事情出了什么纰漏，那么公司里的其他人肯定会怪罪于你。

这就是领导。人们都说高处不胜寒，但低处又岂能自胜？

怎样领导和管理

到现在为止，我们都在探讨有关领导风格的问题。这个方面很重要，但同样重要的是，你要学会运用领导的技巧——而不仅仅是说自己要成为什么类型的领导。要在独断型领导模式下建立规模小、效率高的团队，我们认为最好的办法莫过于约翰·柯特教授（John Kotter）提倡的八步法。[事实上，这也是本书作者之一乔·伯格斯通在担任供应商超市（Supplier Market）的CEO兼联合创始人时所用到的模式。他和合伙人仅仅花了一年时间就将公司发展起来，并最终以11亿美元卖出。]

制造紧迫性

出色的工作需要精力和投入。不论你是在做项目、进行谈判，还是做销售，聪明的创业者总是会为这些任务设立最后期限，以此来激励员工采取行动。仔细思考一番。大学生会在最后一刻熬夜写论文。立法机构会为预算问题争论数月，直到最后期限迫在眉睫的时候才能达成决议。心理咨询师通常在咨询快要结束时才能听到病人谈到的最为重要的信息——所谓的“门把忏悔”[1]。这种常见的现象会让作为创业者的你身陷困境，但你却可以通过制造紧迫感来达到自己的目的。

让我们来看看供应商超市是怎样利用这个方法的。公司于 1999 年夏天成立，伯格斯通问他的工程师，公司网站最早什么时候能够运营。他们的回答是 10 月 18 日。得到这个答复后，伯格斯通在 10 月 15 日邮寄了 5 万封信给潜在客户。当然，随着 18 日渐渐逼近，一些工程师开始紧张，他们觉得自己根本做不完。但那时，信件已经被发出而且在派送了，事情已经没有回旋的余地。

结果怎么样呢？所有工程师团结一致，进行了艰苦卓绝的努力，最终在 18 日早晨 6 点建成了网站。在高强度的工作压力下，他们很可能不停地咒骂伯格斯通，但通过巨大的努力，他们完成了目标。这是件好事情。那 5 万封信带来了巨大的点击量，最终致使网站在第一天不堪负载而崩溃。如果你作为创业者要面临很多问题，那么这些该是让你觉得多多益善的“问题”。

建立强大的联盟

要独自推进一项倡议或建立一家公司非常艰巨，所以你应该聘用他人和你并肩作战。这样不仅能助你建立信誉，也能让所聘之人助你取得成功。

从现在开始，寻求更多利益相关方。让那些在其他地方担任决策者角色，并能用赞成或否决决定公司命运的人参与进来。说服他们加入你的事业，为你

① 原文为doorknob confession，表示临到最后一刻要离开时才做出反省和忏悔。——译者注

引荐或为你卖力。

每当你发布简报或接受采访时，都应该思考如何感谢顾问团的某个成员或投资人或团队的其他人。你是在表扬并感谢他们，但同时你也是在让他们肩负起公司发展的责任。告诉全世界，他们所在的团队要在某天发布一款新设计的产品，这样，他们就自然而然要为公司效力了。

创造改变的愿景

拥有紧迫感和一个强大的团队后，你就要真正开始发挥领导作用了。你或许对于自己的愿景已了然于胸，但你应该仔细思考如何将这种愿景展现给利益相关方。销售归根结底就是两点：一是做出能力范围内最有吸引力的承诺，二是充分发挥能力去兑现承诺。回顾你所解决的消费者痛点以及价值定位。(例如，人们想要保护牙齿，还是人们想要保住牙齿。) 你的团队应该充分信任你，并相信你带领他们所做的努力和所花的时间都不会白费。你应该对客户的意见洗耳恭听。同时也要关注利益相关方和你所建立的强大联盟的成员在思考些什么。除了要不断调整自己的目标，更要在最后大声、清晰并饱含热情地说出来。

这里有几个现实生活中的例子，你会发现它们和每个企业要解决的“发现消费者痛点”的过程很相似。想一想苹果公司：该公司的目标是生产个人电脑吗？还是将最先进的科技以最简单的方式呈现给大家？沃尔玛呢？为人人提供平价商品。丰田呢？生产世界上最可靠的汽车。Google呢？汇集世界资讯。而Zipcar的罗宾·切斯是想提高用车效率。

未必非要建立下一个Google才能使用这一建议。但用这种方式来表达自己的目标却会让你获益。要展现出有创造力、热情洋溢和真实的一面。奥马哈的纸杯蛋糕店企业主想要销售的一定不仅仅是烘焙产品，而是想要带给人们快乐，让人们一口吃出一个幸福。

表达愿景

你应该让自己的员工用相似的语言来描述你的愿景。注意这不是让你像老牌政治家一样，在媒体面前，不论被问到什么问题，都会用自己希望被问到的问题的答案来搪塞。在这里，我们希望你能让自己的核心团队以相似的方式理解并表达公司的愿景。

要在公司创造出这样的文化，就要确保你定期会与员工们探讨公司的蓝图。你不希望看到技术人员只关注产品，或销售人员只关注业绩。你要保证他们清楚个人的努力对公司整体的目标有何贡献。你可以尝试着借鉴山姆·沃尔顿在周六早晨召开例会的习惯。定期将你的团队召集到一起。我们认识的一个成功的企业家认为，在周六早晨召开会议太强人所难，因此决定每周四下午将300名员工召集起来，花一个小时讲述公司的目标和蓝图。你要确保每个员工可以暂时放下日常工作中的挑战，把精力集中在公司的长期愿景上。你或许会发现，他们理解之后再去相信愿景会变得容易许多。

清除障碍

本书从一开始讲到在商业和技术风险最小化的前提下寻找商业创意时，你就在不断地清除障碍。现在专门来看看这个问题。问问你的团队，他们需要什么以实现高效，并敦促他们提出创新的方法，来降低商业和技术风险。注意定性指标即真实的数据，然后持续不断地改进你的研发、制造和分销流程。

要时刻关注团队成员所取得的重大成果。如果他们找到方法来改进产品或将其更有效地推向市场，那么你就应该称赞他们。而最好的方式莫过于：公开承认他们的创新并将这些创新融入你未来的发展计划之中。

设立短期目标

设立一些能够在早期达成的目标。当你计划达成目标所要完成的步骤时，一定要设立一些中期目标，这样你就有理由在达成目标时庆祝一番。这将鼓励你的团队，培养信心和外在信誉。这也将改善你和利益相关方的关系，因为你向他们索取更多资源时，可以向他们展示实实在在、可供衡量的成果。

想一想有哪些事情既可以表明进步，又在你的控制范围之内。或许是在你建立起一个雏形的时候就庆祝一番，并将这个成果与潜在客户分享。无论他们的反馈是好是坏，这都是一个胜利，因为你获得了更多市场信息，这有助于你对市场形成独特的理解。

团队的成员想要感觉到自己对于公司的成就有所贡献。他们希望自己可以告诉家人或朋友“我们这周完成了一个重要目标”，而且自己做出了贡献。另外，如果你要遵循独断型领导者的模式，就要时不时忍受一些冒犯甚至是憎恨，但是，如果人们可以为自己在几周或几个月内取得的成绩感到骄傲，那么他们每天的忍受能力就会大大增强。

慢慢在变化中进步

永远不要扬扬自得、止步不前。在你花了一小时或者一个晚上庆祝了自己的短期胜利后，应该立刻重新分析自己现在可以达成的目标。你每取得一个小胜利，就意味着公司面临的情况改变了一些。你掌握的信息更多，你的知名度更高。这个时候，你就应该提高自己的目标，充分利用胜利的势头。

我们基本上回到了科特提出的流程中的第一步：制造紧迫性。你现在该考虑设立多高的目标和达到这个目标所要采取的中间步骤——而且你要再一次去创造一种必要性，“强制”员工们在特定期限之前达成特定目标。

在企业文化中实现变化

这最后的一步将帮助你保持胜利的势头。那就是营造一种企业文化，这种文化重视你所需要的特质和成就，并在员工表现出这些特质或者取得相关的成就时，给予他们肯定。如果沃尔玛的高层都开始在汽车旅馆住单间，那么沃尔玛的市场地位是否会一落千丈？也许不会。但是，在山姆·沃尔顿去世后近 20 年内，公司的核心文化依然是压低成本。

在你让那些没有达成目标的人负起责任的同时，也应该将那些取得成果的人作为典范。让他们知道自己对你的价值。要形成一种习惯，常常回顾公司的历史，为公司创造一些神话。你很容易陷入日复一日的工作当中，因此能记录公司长期以来取得的成就将非常鼓舞人心。

当你聘用新的团队成员时，这种做法同样很有价值。虽然他们没有经历公司早期的成长，但你还是要让他们对公司拥有一致的热情和价值观。特别是当你的员工人数超过十几二十个的时候，你就应该要想出一种行之有效的办法，将你的价值观传递给新来的员工。你可以准备纸质材料或做演讲和展示，甚至可以述说自己真实的创业故事，这些方法都能有效地将你的热情传递给新员工。

大背景

Breakthrough Entrepreneurship

成为一个独断型领导者将要付出代价，而且成为一个成功的独断型领导也并非易事。如果你要追求这种领导风格——这种风格可能会让一个刚成立、高增长的企业获得最大的成功概率——你就会看到为什么这本书中的其他概念（尤其是最开始几个模块的内容）会显得如此重要。如果你没有提出一个十分吸引人的创意，没有解决真正的消费者痛点，没能提出消费者感兴趣的价值定位，或者没有足够大的市场，那么坚持让别人努力工作达成你的目标，又有什么意义呢？但不幸的是，你也许可以指出许多这样的公司（甚至是你曾经工作过的地方），他们都追求这样或那样的独断型领导风格，但最基础的核心业务却毫无意义。

然而，如果你真的回答了本书一开始的问题，并且成立了一家吸引人、能解决实际问题的企业，那么你就应该对自己有信心，并继续行动下去。你的一些员工会时不时地反抗吗？答案几乎是肯定的。但到最后，结果将说明一切。并非所有的苹果员工都喜欢乔布斯，但是这家公司却取得了令人赞叹的成就。

你就是那个提出创意、表达创意、测试创意并汇集资源的人。你就是那个去搜集独到的信息并在市场中获取优势的人。

记住，你的团队寻找的不是温室或者借口，他们寻求的是一个领导者，这也就意味着他们仰仗着你。所以，你应该去追求机会，并充满自信地带领你的团队走向辉煌。

模块九

“我认为创业像坐过山车，而不是坐火箭。”

——比尔·萨尔曼，哈佛商学院

“如果你不喜欢过山车的刺激，不想被过山车带着抛来抛去，那么就别坐过山车。”

——迪恩·卡门，赛格威发明者

Breakthrough

Entrepreneurship

保持平衡的创业者

不论你最终变得多么成功，我们都可以肯定：在你创业过程中的某一刻，你想过自己究竟为什么要选择这条路。创业是件非常劳神费力的事情。虽然它常常让人感到兴奋莫名，却并不总会带来正面的情绪。

但是，你可以有所行动，将创业之路变得更加平衡、更加舒坦。你可以成立一家符合你价值观的企业。而且，你创业的首要也是最重要的原因，应该是你想要这么做——而不是你想要发财致富。

为一些顶尖学府（像耶鲁、达特茅斯、杜克和乔治敦）的毕业生提供最多工作机会的并不是咨询公司或财富500强公司，也不是政府机构，而是美国支教项目（Teach For America，简称为TFA）。这个项目聘用了许多有前途的年轻人，并说服他们去那些教学资源最为匮乏的地区支教。

美国支教是由温蒂·科普（Wendy Kopp）成立的。早在科普还在普林斯顿写本科生毕业论文的时候，成立这家机构的想法就在她心里埋下了种子。她的论文题目是《有关创立全国教师机构的想法和论证》（*A Plan and Argument for the Creation of a National Teacher Corps.*）。作为一个刚刚起步的年轻社会事业创业者，她像一个斗士一般尽全力搜集资源。她说服了联合碳化物公司（Union Carbide）免费为她提供了在曼哈顿的办公区域。她吸引了第一批捐赠者，并招聘了一名行政工作者。她的团队招聘了数千名申请者，并说服当地学校的校长或负责人雇用他们的教师（用美国支教的说法，这些教师被称作“支教队队员”）。

接下来，美国支教遭遇了第一次打击。一位德高望重的学校负责人对科普说，他绝对不会让一群常青藤的热血青年来他的管辖区小打小闹，这让科普无比伤心。新奥尔良的全城教师罢工也使美国支教陷入了两难，他们不知道是该告诉队员们去跨越警戒线，还是从紧巴巴的预算中抠出一部分给这些队员们发工资。其他地方的情况也不容乐观，在洛杉矶和纽约，一些队员由于预算缩减和“后雇佣者先辞退”的条款而被解雇。然后是一些队员们要去支教的学校遭遇倒闭。

但是，奇迹总是会不期而至。美国支教当时面临每年250万美元的缺口，于是科普决定飞赴得州，让亿万富翁罗斯·佩罗（Ross Perot）帮助扭转这个局面。虽然她从来没有见过罗斯·佩罗，和他也没有什么关系，但她还是决定要试一试。令人难以置信的是，她成功了。后来，他们再一次面临资金短缺，差点连工资都发不出。而一位之前承诺捐赠25万美元的投资者自发将这笔捐款增加到了35万美元。

尽管如此，科普还是缺乏领导此类公司的经历。她常常感到完全应付不下来。她发现自己不喜欢公开演讲，但是对于处在她这个位置的人来说，这个技巧至关重要。她的员工会时不时反抗她。有一次召开的高层会议竟完全失控，后来被支教队称作“一千个意见竞相迸发的夜晚”。同时，科普没想到面前还有极具诱惑力的高薪工作机会。“我能在第一年保持信心简直就是一个奇迹，”科普后来写道，“我为什么没有在工作的压力下崩溃？我为什么没有感到绝望？”

这是每一个创业者都要提前问自己的关键问题。当创业历程越来越艰辛的时候，是什么支撑着你向前走？

创业公司的本质

不管创业的结果是成功还是失败，创业的历程都注定要波折迭起。但是，作为一个创业者，好消息就是如果你能保持聪明才智和专注，那么你所经历的人生高峰一定要高于那些选择了传统职业的人们。当然，攀登人生高峰却几乎不存在一飞冲天的情况。你可能一时在高峰，一时在低谷。而且这种状态会不断循环，所经历的大起大落要比非创业者多得多。

我们是创业精神的传播者，但是我们也认识到，如果非常厌烦短期失意带来的痛苦和恐惧，那么你可以不选择这条路。人们想要稳定性也是合情合理的。他们当然也能够为世界做出贡献，也能度过有意义的一生。我们常常听到一些极负盛名的企业家不断重复一句话，那就是，如果你选择了创业，就注定要过上大起大落的生活。

那么，在你创业的同时，要怎样去经营自己的生活呢？如果你日复一日地感觉自己在生活、死亡和重生几种状态下轮回，那么你怎样才不至于陷入疯狂的境地，并和你爱的人保持健康的关系呢？

让我们讲一讲本模块最开始提到的例子。为什么温蒂·科普没有在重压之下败下阵来？到底是什么动力支撑着她去经历创业过程中的起起伏伏？答案只有一句话，那就是她深信自己所做的事情。

科普谈到她在创立美国支教的前一两年的一次旅行。她和一位同事飞往洛杉矶，拜访了康普顿高中（Compton High School）——学校周围环境不好，一幢幢教学楼灯光昏暗，让人感到压抑，墙壁上的油漆也已经开始脱落。之后，她又前去和一群政客和捐赠者一同进餐，最后在其中一位捐赠者位于贝爱尔的家里住了一晚。科普后来回忆道："一觉醒来，我看到了游泳池在阳光的照耀下闪闪发光，网球场上也洒满了阳光，那种景象真美。"她无法忘却自己到过的这两个地方所存在的天壤之别。

她日后经常想到这种差距，穷人和富人被一条闪亮的线分隔开来，这让科普动力十足地继续自己的事业。很明显，美国支教与科普的个人价值观和目标几乎完全一致。即使是在一些员工和前辈让她提高警惕的时候，她还是雄心勃勃地推进自己的扩张计划。她甚至吸引了像乔布斯这样的企业领袖和像希拉里·克林顿这样的政治家参与到她的事业中来。她经常出差，仅第二年就出差25次。她去美国各地为公司筹款、招聘并传播公司的精神。

结果就是，截至目前，美国支教的成员已经在美国43个地区为300万名学生提供支教服务。大约两万名接受美国支教援助的学生，已经成为美国社会教育和政治的重要力量。科普是怎样走到今天这一步的呢？

她后来写道："这是因为我全心全意相信我的想法所能带来的力量。"

三种方法

大多数创业者的一生都不仅仅是为了创立一家企业。几乎所有人都要利用时间做其他事情。他们有家庭和朋友，有自己的兴趣爱好，也有精神和慈善方面的追求。他们是怎么做到将事情都安排得井井有条的呢？在过去这些年，我们所采访的企业家运用了很多不同的策略，但是有3种方法非常突出：奉献/执着的方法、神圣/精神的方法以及制造快乐的方法。

这3个方法有其共同之处。或许最重要的一个想法是：当人们运用自己天生的能力去做有意义的事情，并能最大限度发挥自己的潜能时，他们是最快乐的。

奉献/执着的方法

有些人非常幸运，不仅仅是因为他们能够成为运动员、音乐家或科学家，而是因为他们生来就可以去享受追求这些目标的乐趣。这种人就是“天赋异禀”。当谈到创业者如何培养自己的能力时，我们强调的固然是后天努力胜过先天因素，但也可以很清楚地看到，一些人就是天生注定要当创业者的。他们就是具备成为创业者的硬件条件。而且他们就是有能力去享受那种创业的奋斗，而在其他任何环境中都无法如此如鱼得水。

即使这听起来并不像你，你也要试着去理解这种思维方式。因为，这里描述的可能恰恰是你的一些竞争对手。

商业案例：近乎痴迷

第一次遇到Napster（点对点音乐共享服务）和Plaxo（在线地址簿服务）的创始人肖恩·帕克（Sean Parker）的时候，达利安·希拉兹（Darian Shirazi）还是一名高中三年级学生。之后不久，帕克雇用达利安担任编程实习生，在他任职的一家新企业the Facebook工作。

即使是在一家由二十几岁的哈佛辍学生们成立的公司里，达利安仍然显得过于年轻。他喜欢公司里的氛围。虽然这是一次很不错的体验，但是很多读过大学的人都劝达利安至少去读个大学。而且当时还不确定Facebook会在2006年大获成功，因此达利安接受了他人的建议，离开Facebook并去加州大学伯克利分校继续求学。

后来，他认为自己的这个决定是个巨大的错误。

“我感觉大学就像饼干模具一样，”他说，“我们的社会太重视学术成绩和高分。而我觉得这简直就是炼狱，我意识到自己完全没有心思去做这些。”

但有件事却会使他兴奋起来，那就是创造新事物。达利安和一些同学最终成立了一家叫作Redux的网站可以让用户将自己喜欢的人的照片放在网上，然后在约会网站上寻找外貌相似的人。他们离开了学校，筹集了资金，并非常努力地工作，但是网站很快就分崩离析了。

这给达利安带来了痛苦。“我是被踢出来的，”达利安说，“我是以CEO的身份被合伙人和那些投资者踢出来的，那段时间我非常消沉，我感觉‘我们真的把事情搞得一团糟’。”

当达利安仔细思考，找出自己的错误后，他认为自己之前不够全力以赴。他没有时时刻刻把Redux网站挂在心上，因此也没能尽全力充分了解他所在的市场。但下一次他就不会再犯这种错误了。

他和另一个伯克利的同学合作，准备成立一家新企业，这一次他们尽心尽力、全力以赴。他们搬进了达利安父母的家，花了5个月的时间成立了Fwix。这是一个超本地化、以地理位置为目标的内容网站。最终，他们搬到了自己位于帕洛阿尔托Poe街314号的房子里，同时雇用了另外两个人和他们一起生活和工作。4个年轻人，每晚只睡4个小时，两个人挤一间卧室。就像他早期在Facebook所经历的那种氛围。

“你们应该看看我们是怎样成立这家公司的，”达利安回忆道，“这个房子用来成立一家公司再适合不过了。我们都住得很近，这就像一个战场，我们喜欢把它叫作堡垒。我们每天早晨都会步行去帕洛阿尔托吃早饭，而且时刻都在讨论我们的产品。我们谈及自己的产品甚至比呼吸空气还频繁。”

太好了。这是一个新标准吗？和你的合伙人住在一起，就可以全身心投入企业，每时每刻不停歇？

对于某些人来说，这种方式或许可行。要说Fwix大获成功，或许还为时尚早，但是企业获得了资金，不断地成长，第二年的营业收入比第一年增长了100万美元。达利安称这次之所以成功，是因为他近乎痴迷地投入。

“我对Fwix的痴迷已经到了我不愿再出去认识新朋友的地步，我只有在假期才会和朋友见面，”他告诉我们，“你不可能有另一种生活方式，因为这个问题占用了你全部的注意力。我怎样才能解决问题？我怎样才能获得客户和用户？如果你真的进入到这种状态，而且非常热爱你所做的事情，你就不会想要另一种生活方式。”

虽然如此，但没有人是永动机。两年后，达利安稍微放松了一些，雇了一些人，将一部分权力交给了他们。公司给每个人办了健身卡，而且他们计划在塔霍湖租一个地方，这样员工们就可以去那里放松身心。即便如此，钱对于达利安来说并不重要。事实上，基于他18岁在Facebook实习这一点，他或许再也不需要工作，至少不会因为缺钱去工作。

但是，他补充说明，“我现在每天都在思考工作的事情。”随着公司的发展壮大，他们已经不能待在帕洛阿尔托的房子里，而是住在离Fwix旧金山办公室只有一个街区的地方。

“我认为创业不是学来的，”他说，“我看到了创业者身上的共同点，例如他们都非常渴望去完成某件事情。但是，如果别人对其加以指示或命令的话，他们就会不快乐。”

神圣/精神的方法

创业本身能带来满足感吗？有些创业者似乎认为可以。在他们的世界里，以不断地改革和解决问题为核心的创造性破坏本身，就可以将人们的意识水平提高，并让人们接触到更加真实的真相。他们认为，能结合自己的优势来推进创业，是一件无比有成就感的事情。

非典型的商业案例：宗教创业者

威廉·斯文（William Swing）是一位圣公会牧师，半世纪前就在西弗吉尼亚的一间临时教堂里开始了他的牧师生涯。当时只有20名教友，他们每周日都要在炼铁厂旁管道工昔日的办公室里见面。和社区建立起关系是他的部分工作，因此他吸收了炼铁厂的厂长成为教友。教友的队伍很快壮大起来，教区也不断扩大。在几年之内，斯文开始分管4个教堂，星期天变得忙碌起来。

几年过后，斯文有了一个新任务：华盛顿。在他待在华盛顿的10年里，他将新教堂的教友人数从300人增加到了2 500人，还专门针对有年幼孩子的家庭提供礼拜服务。他出主意让教友们编写并出品一部完整的百老汇式的音乐剧，讲述教堂守护神的生活。这部音乐剧大获成功。主创人员在世界各地进行巡演。其中一位名为凯伦·艾伦（Karen Allen）的歌者后来成为一位成功的好莱坞演员，在《法柜奇兵》（*Raiders of the Lost Ark*）中担任女主角。

斯文后来又去了加州，在那里他当上了主教。当流浪汉危机开始爆发的时候，他开办了一家教堂收容所，每晚收留1 000~1 500人，这样持续了25年之久。他还伸出援手帮助旧金山的同性恋团体。在洛杉矶的罗德尼·金动乱[①]发生后，他推动建立了一家社区发展银行来帮助重建。教堂还帮助了陷入困境的一家非盈利医院。当医院的财务状况尤为严峻的时候，他和另一家医院的CEO一起打高尔夫，并用领先18杆的成绩说服他施以援助。

① 罗德尼·金动乱（Rodney King riots），1992年，洛杉矶爆发了震惊世界的黑人群体聚众闹事、烧杀抢劫的大动乱，原因是4名白人警察被指殴打黑人青年罗德尼·金，但后被判无罪。——译者注

在 70 岁生日前不久，斯文又有了一个主意，他想要参照联合国的模式建立一个国际宗教组织。他周游各国，试图说服世界各地的宗教领袖派遣自己的代表来参加他的多宗教信仰组织，但是很少有人接受他的邀请。他一次次地当面遭到拒绝。当他在牛津大学演讲倡导这个想法的时候，台下嘘声一片。

斯文快到退休年龄了。他在想是不是该休息几年了——先轻松一下，而不是完全退休。他做出过一些了不起的创举，和妻子育有两个孩子。他周游了世界，而且竟然还是一名差点[①]达到 9 的狂热高尔夫球友！

但是，他还是觉得有一个心结，至少还有一项未竟的事业等待着他去完成。他怎么能放弃这个成立世界宗教组织的想法呢？他具备使之成功的才能和性格吗？

在这本创业的书里，提到一个圣公会的主教似乎有些奇怪。事实上，当我们第一次采访斯文的时候，他也觉得很奇怪。

他从来没有考虑过创业一词的定义，甚至直到七年级才会写这个词。他也不认为自己是一个很好的神学者。但是，当想起生活中让他成功的因素时，他承认自己身上确实具有企业家的特点。他很享受白手起家做某件事情的想法——或者更为准确的是，他喜欢管理人员和资源，这样就可以让他们合力创造出个人无法想象的东西。他最初在西弗吉尼亚任神职时就是这么做的，而且完全是出于本性。

现在斯文已经快退休了，因此他决定要继续推进关于建立世界宗教团体的想法。他创立的联合宗教行动组织（United Religions Initiative），旨在将不同信仰的人聚集起来。他称之为合作圈。他最后以个人的名义贷款 100 万美元来支

① 差点（handicap），就是高尔夫球手打球的水平与标准杆之间的差距，这个数值越小表示水平越高。——译者注

撑这个组织。他没有依靠养老金过上悠闲的退休生活，而是与妻子选择了一项巨大的挑战，使自己债务缠身。

事实上，有时候这件事情看起来近乎不可能。特别是当许多宗教将其他宗教看作异教或者更糟糕的事物的时候，你怎么可能将不同信仰的人聚集到一起，让他们共同合作呢？

“正是这项任务的不可能性赋予了它吸引力，”斯文说，“企业家的乐趣就在于这种不断猎取和追赶的感觉。这就像一个复杂微妙的游戏。正是因为无法选择后退，才让这个游戏如此迷人。”

现在联合宗教行动组织已经有 250 万人参与。作为一个有宗教信仰的人，斯文将他的工作视为寻求上帝的旨意，但是，这一点不仅适用于宗教，也适用于你相信的其他事情，如宇宙，或者你想象中的更高尚、更强大的力量。

斯文告诉我们：“企业家实际上总是走在一条朝圣的路上，这条路最终通向精神、创造者和创造。我们每个人最后都不可避免地要到达那种‘终极’的状态。”

制造快乐的方法

大多数创业者或许只有在满足很多需求后才能感到完整。他们有家庭需要照料，会感到精神上的召唤；或者，他们有自己的兴趣或不那么严肃的喜好等。制造快乐的方法就是，经过实验证明，我们认为有一些基本的品质或优点能让一个人获得更为完整的幸福。这些品质或优点大部分恰恰也是成为更为成功的企业家所需要的。追求这种方法的人最后都会问一个经典的问题：鱼与熊掌，你能兼得吗？

商业案例：你应该先做什么？

德鲁·格里芬（Drew Griffin）环顾了一下桌子周围。他看到和他面对面的8名大学生。他和另外两位同属青年总裁俱乐部（Young Presidents Organization，简称YPO）的成员请这几位年轻人共同进餐。

格里芬还记得自己在他们这个年龄的时候，不断权衡各种工作机会，但是内心深知要为别人工作，他一定不会快乐。他先在一家大企业干了3年，后来在28岁的时候，成立了自己的公司。到32岁的时候，他已经有了65名员工，每年的营业收入超过1 000万美元。这样的成就让他得以加入青年总裁俱乐部。

他在接下来的10年非常辛勤地工作，公司也蒸蒸日上。他最近计算了一下，他在那段时间里花了3.2万个小时工作，也就是平均每周工作65个小时，周而复始。但最终他得到了回报。自俱乐部负责人邀请他来参加这次晚宴，他就一直期待着。这好像就是对他成就的认可，也像是一次告别演说，他非常高兴能有机会和别人分享自己的收获。

但学生们的问题却让他大吃一惊。他们首先想学习他的商业模式，以及他如何鼓起勇气放弃大企业里稳定的工作。但是后来，讨论的话题很快就变成怎样平衡生活和工作之间的关系。

“您结婚了吗？”一位学生问道。“您工作这么长时间对感情有什么影响吗？”

“您除了工作还有什么兴趣爱好吗？”另一位学生问道，“您‘开心’吗？”

“你们都错误地看待了生活和工作的平衡关系，”格里芬过了一会儿回答道，“你们应该把这种关系放到一辈子的时间里去看待，而不是放到一天或一周的时间里去衡量。”

“说得没错，”另一位俱乐部成员开口了，“如果你们想要一种策略，那么对我来说奏效的方法就是，在年轻的时候刻苦努力地工作，然后再去关注我生活中的其他方面。”

最后一位俱乐部成员也开始发表自己的意见。当然，他有自己的爱好，但首要任务仍然是他的工作。

“人们在20岁后期到30岁早期的时候处于事业的快速上升期。当你35岁或40岁的时候，你就知道自己要成为什么样的人。在那个年龄之后，再要做出什么巨大的变化就难了。”

这群大学生的肢体语言表现出不赞同。他们似乎想听到的是他们能够事业生活两得意。

“我有一个家庭。”格里芬说，打破了这尴尬的沉寂。

“但我的双胞胎还未满两岁，”他继续说，“他们不会记得自己两岁的时候发生了什么事，当他们5岁的时候，我就要考虑是不是要减少一些工作量，多花点时间陪我的家人。但是，除非你提前做出努力和牺牲，否则，你之后并无法选择。”

不管是不是有意为之，大多数企业家在讨论关于如何处理经营企业和家庭之间的关系时，总会非黑即白地选定立场。问题是：你在发展企业、实现个人职业发展的时候，是不是也要考虑生活其他方面的发展（如精神、身体和情感关系上的发展）？把时间和精力循序投入这4个方面是否是更为聪明的选择？

我们不一定要采用德鲁·格里芬和其他的俱乐部成员提到的循序方法，但是你要去了解你的竞争对手可能会怎么想，这一点是很重要的。你在很长一段时间内一直把所有的精力都投入到职业生活当中，然后在35岁或者40岁的时候，突然把重心转移到其他方面，这种情况可能吗？我们对此还是持怀疑态度的。困难在于，那些在职业道路上取得成功的人，即使你赚了 1 000 万美元，你可能会接触到比你赚得更多的人，像那些赚一亿美元的人。这就让你很难停下脚步。

战胜迎合心理

马丁 · 塞利格曼（Martin Seligman）是宾夕法尼亚大学的心理学教授，也是前美国心理协会（American Psychological Association）的主席，他是制造快乐方面真正的权威之一。他的研究显示，人们所面临的真正障碍之一就是“快乐水车”①。人们工作是为了赚更多的钱，然后买更多的东西，从而获得短期的愉悦和满足感。但是，他们很快就会适应自己的新境遇。

人们或许认为他们想变得富有，但他们实际想要的，通常是他们理想中的富有所带来的自由和生活方式。在塞利格曼写作《真正的快乐》（*Authentic Happiness*）之前，美国人的实际收入在 30 年中增长了 16%。但是同期，认为自己“非常快乐”的人数比例却从 36% 下降到 29%。

我们当然并非有意宣扬贫穷光荣，但事实是，一旦你达到一个非常舒服的收入水平——根据研究显示，一般是在 7.5 万美元左右——更多的钱并不能给你带来更多的快乐。这种收入水平在美国算是稳稳当当的中产阶级。以这种收入，你在美国的大部分地区都可以负担得起不错的住房、食物、医疗和交通费用。超过这一收入水平，我们谈论的就是你开的车是丰田还是雷克萨斯的问题了。

在美国，一个聪明且受过良好教育的人要在很短的时间内使年薪达到 7.5 万美元有很多条路可走。如果 7.5 万美元真的是一个门槛，超过它也不能带来额外的快乐的话，那么你将在何种程度上用获得更多的收入作为你的事业和职业选择的导向呢？

---

① 快乐水车（Hedonic Treadmill）是心理学概念，指收入增长，但快乐却不相应增长，即所谓的“有钱不快乐”现象。——译者注

回到我们最基本的问题：在温蒂·科普创建“美国支教”时最低迷的阶段，是什么给予她前进的动力？为什么斯文主教放弃退休的机会——那些多数美国人都梦寐以求的“黄金时间”——来成立联合宗教组织？是什么促使达利安·希拉兹在已经赚到一大笔钱，此生衣食无忧的情况下退学，并花大量的时间来建立一个新企业？

关键就在于，他们所做的事情和他们的个人价值观十分吻合。那么，为什么不是每个人都能做到这一点呢？

问题在于，我们大多数人都受到大量外来因素的影响，这些因素影响了我们对自己的价值观的判断，让我们忽视了自己真正能够接受或关心的事物。父母、老师、同龄人和整个社会都在很大程度上影响着我们。你怎样才知道你的价值观属于你自己，而不是你周围人的一种映射？如果不能深刻理解自己独特的价值观，你怎么能快乐并有完整的生活呢？

不幸的是，这种情况似乎是常态。为什么有那么多年轻人在他们二十几岁的时候学习法律、医学、工程和商科？他们可能对这些领域知之甚少，却要为之投入最初的时间和金钱。他们通常用自己的选择去取悦其他人；换句话说，他们的价值观建立在别人的价值观之上。数年后，很多律师、医生、工程师或其他职业的人会说，如果他们当时能基于自己的价值观做出选择，那么他们会选择一条完全不同的路。你可能会听到一些医生说自己真正想当的其实是厨师，律师们梦想着成为单口相声演员，而一些工商管理学硕士则想离开企业去非盈利组织工作。

暂且不谈快乐的问题，如果你的职业和价值观不符，那么你很难获得事业上的成功。假如一个性格平和、喜欢友好社交环境的人违背了自己的意愿，听从了家长或者是老师的意见而去了法学院。若干年后，她在一家竞争激烈、火药味十足的律师事务所工作。她要么调整自己的性格和价值观以适应职业文化，要么就只能在职业的道路上遭遇“失败”。如果她要根据不同的时间和地点选择扮演两种角色，那么她对自己的生活可能会越来越不满意。随着时间的推移，要将每天花费 10~12 个小时的工作与回到家后 4 个小时的生活区分开来，几乎是不可能的，而且很可能也是不健康的。

在这里学到的道理似乎是，你应该早早地且频繁地问自己：我在生活中的优势是什么？我想要做什么？我怎样才能知道？

大背景
Breakthrough
Entrepreneurship

毫无疑问，你应该已经注意到，大多数我们所采访的极为成功的企业家，都没有将赚大钱作为创业的主要动力。但你不要误会，钱是非常重要的。然而，如果你成为创业者的唯一动力就是钱，那么你可能无法在生活中获得满足和幸福。

你的新公司虽然很重要，但你不可能仅仅靠着创业生活。在我们的采访中，最成功的企业家在提到快乐和成功的关键时，都提到了为他人服务、组建家庭、恋爱、注意身体健康和进行终身学习等。在创业的过程当中，将这几点铭记在心。你在创业早期所形成的一些习惯和定下的生活重心，很可能会影响到你成功后的生活方式。

正如在创业之前，创业者要找到消费者痛点并理解价值定位一样，他们也要提前问自己什么是他们真正的信仰，做什么能让他们真正快乐和满足。最好的一种创业精神不是去追求金钱、名声或荣誉。用你的能力为世界做贡献才能带来真正的满足感。大胆地去追求这种生活方式，因为你作为一个创业者所取得的成功，很可能就是催生社会进步所需要的创造性破坏。

模块十

“理性的人去适应世界，而不理性的人坚持让世界来适应自己。因此，所有的进步都仰仗不理性的人。”

——乔治·萧伯纳

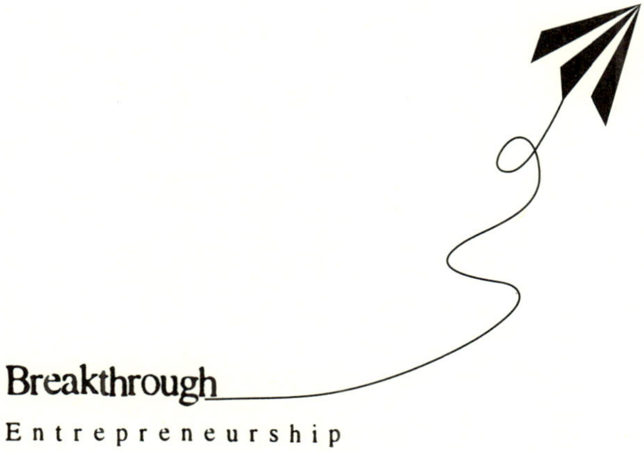

学会期待并有所成就

你已经学习了创业的基本流程。现在你知道该如何进行头脑风暴、测试想法、聚集资源、建立信誉并扮演领导和管理的角色。你在成立一家真正有前途的公司时，已经探索过那些对你有利的经济因素。同时，你也已经具备了获取成功的策略。

如果真是前事不忘后事之师，那么我们中很多人都不会去尝试建立新企业。是什么束缚了我们呢？我们为什么不去争取获得成功呢？最为重要的是，你如何做到不人云亦云呢？

我们已经数次提及这本书的作者之一乔 · 伯格斯通的经历。他和商学院的同学阿瑟夫 · 萨丘（Asif Satchu）共同创立了他的第一家公司，名为供应商超市，后演变为互联网上第一家定制制造用零部件的公司。乔和阿瑟夫并非出身显赫，也不是世界级企业家的后代。和大多数同龄人相比，他们并无过人之处。那么他们是怎样使自己确信，自己应该获得巨大的成功呢？

答案就是他们有意识地（甚至是不现实地）对自己和周围的人抱有很高的期待。乔特别提到有那么一刻，他不得不强化对自己的期待，以期填补他所涉足的领域。公司成立仅数月，他和阿瑟夫就得到了从红杉资本（一家很有名的投资公司）筹资的机会，这家公司曾为包括雅达利（Atari）、苹果、思科系统、艺电公司（Electronic Arts）和甲骨文等在内的公司注资。虽然乔和阿瑟夫在公司短短的历史中取得了不少阶段性胜利，但是要向红杉资本筹资就意味着他们突然面临来自强劲对手的激烈竞争。

乔和阿瑟夫坐在会议室里环顾四周，等待着投资者来开会。会议桌有些陈旧，可以看见斑驳的痕迹。墙上简单地张贴着几张海报，上面展示着公司最为显著的一些成就。这种装饰再一次告诉乔，红杉资本绝对不会去投资没有回报的创意。他还在想自己闻到的一股霉味从何而来。

突然他想到：会不会是他坐着的这把陈旧的椅子散发出来的味道？这些椅子可能正是乔布斯和沃兹尼亚克来红杉时坐过的。这张20世纪70年代的桌子？或许在拉里·埃里森来红杉为甲骨文筹资的时候就已经存在了。

乔的心跳开始加速。他突然产生了质疑：他以为自己是谁呢？他才二十几岁，18个月前还是一名在福特工作的工程师，他们成立公司的想法还未得到验证，他和阿瑟夫一分钱都还没赚，甚至关于供应商超市的网站都还没有建立起来。

乔听到一个理性的声音在他脑中回荡：“谁给你权利让你期待自己可以获得红杉的投资？”

他和阿瑟夫默默地交换了一下眼神。他们真的相信自己可以像乔布斯或埃里森等人那样吗？乔的手心开始冒汗。他听到会议室外的走廊传来投资人的脚步声。

是什么让相信变得如此困难?

企业家要解决消费者痛点、提供有吸引力的价值定位、进行销售、建立信誉、领导企业、平衡生活——但是,他同时还要去相信。他必须去接受创业中的必然性,我们在最开始就提到了这一点。

虽然我们讲了那么多关于破坏性创造的好处,创业在个人层面上却通常被认为是不理性的。独自创立属于自己的企业和大多数人建议你去做的截然相反。认为自己可以为常人所不可为,似乎也不太理性。但是,如果没有那些勇往直前的聪明、有理想的不理智之人,那么社会的进步就可能微乎其微。

到最后,你要么跳起来试试,要么不尝试。虽然如此,你却至少可以做4件事,让自己更容易相信自己。

第一,训练自己去期待出人意料的好结果。每个创业者都肯定有一些“破坏性”。他必须训练自己去相信自己必将有所成就。这很讽刺。每一个存在于这个世界上的人都有大获成功的潜力,但是大多数人最终都没有做到。为什么?因为他们不相信自己可以做到。而那些要求得到更多,期望着成就一番事业,并有些胆量的人——当然还要有真知灼见和系统性的规划——最终成为赢家。总是那些局外人获得成功。总是创业者这样的人获得成功。

第二,学会管理好自己的恐惧。恐惧让我们停滞不前,但大多数时候,我们的恐惧却不符合逻辑。因此,你应该训练自己去战胜恐惧。现代心理学告诉我们,战胜恐惧的最好方式,就是要逐渐把自己暴露在令你恐惧的事物面前。如果恐惧是非理性的,小心地把它们真实地展现出来,或许能降低它们的威力。

第三,寻找外部肯定。作为一名创业者,你的大部分动力应该源于内心,但是你也不能全凭自己。有时候要求的并不多,可能仅仅是客户的几张订单或者你尊重的人给你的真诚鼓励,就会使你感觉更加有底气。所以,要提前做一些功课,这样你就可以认识那些给你信心、改变一切的人了。

第四,遵循创业流程。我们想让你去相信——当然是去相信真实的东西。

《突破创业》中的所有内容都旨在帮助你去否定一千个边缘的想法，让那些最好的想法脱颖而出，将你成功的概率最大化。要培养自己对创业的信心，其前提就是测试，并用最低成本获取最多信息。

制造期待

我们接着讲乔和阿瑟夫的经历。作为创业者，他们运用了这本书里所有的实用策略。乔在红杉资本的会议室里战胜了自我怀疑，并最终获得了投资。他和阿瑟夫把供应商超市建成了行业领导者，这不仅创造了几百个工作机会，而且也提供了一个前所未有的市场，让制造者互相交易——这一市场今天依然存在。这家公司在成立仅仅不到一年，就卖了十几亿美元。他们的创业历程极具教育意义，并且出现在哈佛商学院两个不同的案例分析中，生动地讲述着该如何成立潜力惊人的新公司。

乔和阿瑟夫后来都成为成功的投资者，在其他的创业领域也有所建树。乔在加州大学伯克利分校成立了创业中心。他从教以来，已有数百名学生追随他的脚步，成立了自己的公司。许多人都成了百万富翁。他再度上路，现在管理着一家非常成功的私人股本投资合伙企业。同时，阿瑟夫也在完全不同的行业创立了另外两家成功企业。他是加拿大一家最大的自助式仓储公司的合伙人，后来又与人合伙成立了媒体权利资本（Media Rights Capital），成为好莱坞最大的独立电影融资公司。

坐在阿瑟夫新公司宽敞的房间里，透过落地玻璃窗俯瞰整个洛杉矶，你可能轻易地推断，他和乔一直以来都这样生活。但事实是，你得往深处探究他们的过去和他们的性格，想一想到底是什么让他们与众不同。

乔在芝加哥郊区的一个中产阶级家庭长大，他的父亲是一个炼油厂工人。我们在第三模块提到过汉森公司，该公司研发了轮滑技术，却没有去挖掘更大的市场，赚更多的钱。这家公司是乔的祖父成立的。阿瑟夫的出身更加平凡。他出生于肯尼亚，后随父母移民到英格兰，然后又去了加拿大，最后来到美国工作并接受教育。他还记得他们家刚到美国时要和另一家人同住在一个两居室里，也记得他在小学的时候经常受人欺负。

本书已经接近尾声，我们举他们的例子是要回答一些重要的问题。为什么他们能够脱颖而出？为什么他们能够一次又一次地创立成功的企业，而其他很多人都不能呢？

期待出人意料的好结果

管理恐惧可以帮助我们扫除一些阻挡我们前进的障碍，但同样重要的是，我们要提升实力，以利于更好地前进。你不仅要降低并管理好自己的恐惧，同时要在心中建立起对成功的期待。

乔和阿瑟夫开始建立供应商超市的时候都非常年轻，但是他们在工作方面，已经有过一次比一次更加成功的经历。他们都有过几份正式的工作——例如汽车工程师、银行从业者和企业顾问等等。

“你对皮革马利翁效应熟悉吗？”乔问道。他指的是你对一个人表达的期望越高，他们的表现就会越好。“我的经历让我觉得自己可以理解几乎所有事情。你只需想出做事的步骤，然后着手去做。在现代生活中，几乎所有的工作都很好理解，至少没有那些微分方程那么难理解（他在大学学习工程专业时接触过的知识）。”

阿瑟夫则提到了另一个因素：他是看着父亲的创业经历长大的。到最后，他的父亲获得了商业上的成功，但是他的父母一直都不让他看到经营过程中那些不可避免的失意时刻。

“我父亲在最初几年非常艰苦……但是这一切我都不知道。”阿瑟夫回忆道。直到多年后，当阿瑟夫在报纸上读到关于父亲的文章时，他才知道父亲一度想要放弃创业，转行去当鞋子导购或者去便利店打工。“我没有想到父亲为了养家糊口要考虑这些事情。”

到最后，随着家里境况好转——他们搬到了一个比较好的房子里，让孩子们去更好的学校读书——阿瑟夫只看到了他父母冒险创业所带来的积极成果。因此，他相信自己的公司也能最终取得成功，不是自然而然的事情吗？

乔和阿瑟夫还有一段共同的经历：他们都毕业于顶尖商学院。他们都坚持认为这不是成功的必备条件，我们也希望这本书已经证明了这一点。但是，乔补充道："商学院其实真正的好处在于社交方面，你可以了解到那些伟大企业家的出生背景和你并没有什么区别。同时，这里也不断强化一种观念，那就是你确实是有价值的。"

（我们希望，你们通过《突破创业》也学习到了这些，而你们花的钱只是他们商学院学费的冰山一角！）

阿瑟夫相信，一旦人们开始期待自己获得成功，剩下的就是到底会有多成功的问题了。他告诉我们："你最终成功的程度与运气关系密切，但是，如果你计划成为积极的人，并学会管理自己的恐惧，那么你不论是想要成为律师、商人还是其他角色，都会取得成功。态度催生成功。我不认为运气能带来成功，但它能影响成功的程度。"

不走寻常路

我们的教育体系鼓励人们在正常的轨道上运行。一方面要保证学生们能从自己的教育投资中得到回报，另一方面又要让他们获得信心和自由去挑战困难。但在更大的层面上，我们为什么要教孩子们去因循守旧、遵守规则，并暗示他们只要选对答案或者按部就班就能获得成就，最后当他们独立步入社会或者工作的时候，却发现这些规则根本就不存在？

如果你已经本科或者研究生毕业，回想当毕业临近时你的同学们到处奔波的景象。这种奔波有多种原因——金钱上的需要，同样还有社会压力——人们要互相竞争同一份工作、同一所研究生院或其他项目。那些从来都不想当老师的本科生发现自己排着队要去"美国支教"工作。那些初出茅庐的年轻律师，在刚进法学院时信誓旦旦，说要以保护环境为业，但最后却随波逐流，去和别人面试竞争高薪的律师事务所。那些商科的学生和工程师开始坚称想要成立自己的公司，最后却花费数百个小时寻求一份咨询公司或者银行的工作。不去参与这种为就业而奔波的大潮需要相当大的勇气，但这也可能是让你相信自己能够成为企业家的那一点决心和勇气。

学会管理恐惧

不要将自信和缺乏恐惧混为一谈。事实上，恐惧是创业必备甚至是积极的组成部分。它不仅可以让你避免采取鲁莽的行动，更可以防止你去冒愚蠢的风险。

乔说："战胜恐惧的关键，就是将巨大的任务量分解成具体的步骤。"

在供应商超市的起步阶段，当乔和阿瑟夫尝试着去寻找一个商业创意的时候，乔制作了一张巨大的甘特图，几乎能铺满整个墙面。在这张图上，乔把成立供应商超市要采取的步骤，变成在接下来的 12 个月里要取得的具体目标。这些目标无所不包，从早期测试到建设团队、聚集资源、领导和管理——最后是让公司上市或者是转手的具体步骤。在创业的第一天坐在住所内就谈一年内要上市的计划，似乎让人望而却步。但是，如果把这个宏大的目标分解，就让一切似乎都有可能实现了——当然，这并不意味着一切就变得容易了。令人不可思议的是，即使创业充满不确定性和瞬息万变，但乔和阿瑟夫很快就达到了他们最初的计划。

恐惧永远不会彻底消失。但是，你可以学会引导恐惧，将它转化为动力，而不是将其当作不作为的借口。

阿瑟夫说："我还是会很害怕。"当他成立自己的第二、第三家公司的时候，他害怕自己会失败，然后他早前的成功就会被看作侥幸获得。但是，他在恐惧的同时，怀有对所有美好事情的期待——当然只有他尝试才有可能实现。"真正重要的是管理恐惧的能力，以及走到这一步的能力。我应对恐惧的第一步就是，承认它。问你自己，'我为什么害怕？'在最开始就将最糟糕的事情摆出来。"

最后，如果你是会拿起这本书仔细阅读的人，那么我们可以推测：无论你从事哪一行，你都不会挨饿。你或许永远都不必担心自己是否会有栖身之所等基本必需品。只要你一直保持道德操守、诚实正直，不要太过骄傲清高，在自己需要的时候能够请求援助，并能避免一些不可预见和难以控制的灾难，或许你就可以过上舒适的生活，成为大多数人的羡慕对象。

那么，为什么我们会如此恐惧呢？事实证明，我们天生就会感到恐惧。从神经学的角度来说，我们大脑的运作方式还像山顶洞人时代那样，那时的人们不得不担心肉快吃完或成为野兽们的晚餐这种事情。当大脑的恐惧系统开始作用，探索和冒险系统就会自动关闭。就像埃默里大学神经学中心的主任格里高利·彭斯（Gregory Burns）所指出的：“这种决策方式（指在恐惧作用下的决策方式）不会产生什么好结果。恐惧会促使人退缩，它是进步的对立面。如果是这样，当我们急需新创意时，每个人都会被恐惧束缚，力求保住他们目前拥有的一切。”

我们当中的神经学家提出的解决办法就是，我们不应该成为恐惧的传播者，而应该去采取一些实用的策略。即使你相信有来生，也不会因此不系安全带。因此，即使你接受创业会带来不可避免的损失，你也要尽力去将弊端最小化，为可能的失败减少伤害。

降低日常开销

有许多十分富有的成功企业家，他们的花费远远低于收入，而且他们的生活水平也大大低于他们能达到的水平，这让人非常惊讶。像沃伦·巴菲特，他的财富达到了450亿美元，但却依然生活在于1958年以3.15万美元购买的房子里。从财富增加的角度来看，当你有了房子，能保证家人基本的营养、健康、教育和交通费用之后，你每花费一美元，就意味着收入要大大减少。

当然，你还是要庆祝自己所取得的成就。你不必去过苦行僧的生活。但是，作为一名企业家，你应该是我们社会中的生产者。不要变成一个过度的消费者来损坏自己的形象。相信我们，一辆宝马当然很好，但是它不可能带来持久的幸福。

助学贷款怎么办呢？在基本条件一样的情况下，尽量避免申请贷款。至少，你应该保证，如果要借钱上大学，那么你在短期内应该能够明显提高收入将贷款还清。如果你已经获得数目不小的一笔贷款，应该对其进行有效管理：在 30 年内将它们慢慢还清，开一辆已有 5 年车龄的丰田汽车，不要去买花岗岩的工作台、最新的小玩意儿或者是赶时髦的服装。

拥有可靠的赚钱技巧

我们的一位同事同意支付孩子上大学的费用，但前提条件是，他们同时要去学一门手艺。他这样要求的原因是，如果他们毕业的时候还没有想好自己的职业道路，那么拥有一些基本的技巧，如砌墙、修引擎，或当过电工学徒，都会给他们带来更多的优势。他们就不用去争夺那些每年两万美元，而且很可能他们并不喜欢的工作，这样他们可能会更开心。

如果你还在接受基础教育——像本科教育——那么应该确保至少要选修几门实用并能赚钱的课程。这意味着你应该去选修几门计算机课或者自然科学课。如果你是一个想跳槽的职场人士，那么花几百美元更新专业证照并进行继续教育或许说得通。而如果你的企业要倒闭了，你或许会非常庆幸自己还有一条救生船。

积累人脉

人们常说，银行只有在你不需要钱的时候才会把钱借给你，因此在条件允许的时候，你一定要获得优惠贷款。对于职业人脉也是同样的道理。要善于帮助他人。如果你听说同事要招聘员工，那么不妨花几分钟想一想你身边有谁能胜任，并向你的同事推荐。在你因企业不成功要另谋出路的时候，如果你请求帮助的人知道你乐意在别人困难的时候伸出援手，那么一切都会简单得多。

同样的，如果你要离职自己创业，那么一定要把握分寸。这不是你宣告胜利的时候，你也不能像霍华德·比尔（Howard Beale）那样大谈自己其实从一开始就不喜欢这份工作。你应该心怀感激，思考自己在这里学到和做过的积极的事情，保存这里的人脉。你永远都不知道以后哪天会用上这些人脉。

寻求肯定

相信自己能有所建树的大部分动力应该来自我们的内心。但是，令人惊讶的是，许多企业界或其他领域的成功人士表示，生命中有过一些单纯而注定的时刻，得到了别人的肯定，因而更加坚定了他们的理想和信念。

乔和阿瑟夫在哈佛商学院的企划竞赛中都闯入了最后一轮，这使他们倍受鼓舞，同时也让他们得到了外部人士的肯定。但对于乔，更好的一种外在肯定，来源于投资者和消费者对他们想法的支持。甚至是在早期测试想法的时候，阿瑟夫和乔就发现已经有一些制造商愿意与他们签署合约，甚至愿意为这个新兴企业投资。后来，在网站运营的第一天，数百名供应商纷纷注册，以致服务器不堪重负。

在企业家的个人经历中，我们一次又一次地看到这样的时刻。1891 年，27 岁的亨利·福特（Henry Ford）遇见了比他年长 20 岁的托马斯·爱迪生（Thomas Edison）。当爱迪生得知福特在制造一种由汽油驱动的汽车时，他兴奋地捶了一下拳头。

“年轻人，这可了不得！”爱迪生兴奋地说道。

福特后来写道，爱迪生简短的鼓励之词对他产生了极大的影响：“就像晴空中突然闪过一道霹雳，世界上最伟大的发明天才给了我一个绝对的肯定。”

关于这些时刻的片段不胜枚举，足够再写一本书——几乎所有的企业家或者我们所认识的每一个取得了辉煌成就的人，都会有这一刻。记者兼作家鲍勃·伍德沃德（Bob Woodward）回忆了自己的这一刻。《华盛顿邮报》的传奇编辑本·布莱德利（Ben Bradlee）一番鼓励的言辞，令他倍受鼓舞，于一年后爆出了“水门事件”。名嘴奥普拉·温弗瑞（Oprah Winfrey）也回忆了让自己信心倍增的那一刻。那时候她还是一个地方节目的主持人，著名“造星人”昆西·琼斯（Quincy Jones）就建议她应该在电影《紫色》（*The Color Purple*）里担任关键角色。

最重要的是，这种肯定最好是来自于某个你敬佩和信任的人，而且是在你为了达成目标已经采取行动之后。你应该相信那个给你肯定的人知道自己在说什么——而且你也知道他在说什么。

作为一个新兴创业者，你应该找机会认识这些给出肯定的人，特别是在他们能对你发挥最大作用的时候。因此，你应该提前计划。你要表现得更加外向、更有好奇心，并努力见到你所尊重的人。你应该加入创业团体，参加更多会议，并获得最新的动态。你的目标就是要将自己融入聪明热情的人中间——然后去创建一个由努力获得成功的人士所组成的支持系统。

另外，如果可能，你就去为那些已获成功的企业家工作。

“我不认为你应该去大企业，”阿瑟夫建议道，“我建议你去那些可以从领导者身上学到东西的公司。我今天雇用的大部分人都想在未来某天成为创业者。在帮助外行人的时候，我有一个原则：你们打 3 次电话能和我通话，你们打 5 次电话能与我见面。”（请注意，随着这本书的出版，要找到或见到阿瑟夫的门槛可能会提高一点。）“我想企业家们实际上尊重那些有追求的人，而且乐于帮助他们。”

生意场上，金钱万能

对于一个创业者，最好的肯定，莫过于来自消费者或其他利益相关方的肯定。比尔·盖茨在 25 岁的时候得到了最重要的一个肯定：他成功地赢得了 IBM 的订单，为他们提供第一个操作系统。史蒂夫·乔布斯和史蒂夫·沃兹尼亚克也谈到自己得到肯定的经历，那就是他们在 1976 年 7 月发现，人们愿意以 666.66 美元这个多少有些奇怪的价格购买苹果一代机。我们听到很多企业家告诉我们，正是来自于投资者或他们敬重的创始人、老师或精神导师，甚至是一个新员工的肯定，才使他们忽然全心全意地相信，自己最终能够取得成功。

遵守流程

最后不要忘记：相信你能够创业成功的关键因素，实际上是你真的有能力可以做到。这是创业流程的真意所在。当乔在红杉的会议室里紧张得手心出汗的时候，是什么让他恢复自信？是因为他认识到，他和阿瑟夫为了能出现在这间会议室，做了近乎完美的准备。他们提出了很好的创意，经历了充分的测试；他们理解自己的价值定位，同时不断努力强化这种定位；他们雇用了关键的利益相关者，也招聘了最好的员工；他们一步一步地建立起信誉，而且已经开始以一种智慧、果断的方式来领导。

简言之，他们遵从了一个经过深思熟虑、可以复制的创业流程，而且这个流程真的奏效了。

从技术的角度来讲，前4个模块最为重要；但从全局的观念来看，最后这两个模块却最为关键。你现在掌握了成功创业者所必备的工具，但只有愿意使用，才能让它们发挥效用。在这本书中，我们看到了一些优秀企业家的例子，并从中学到了一些道理。但是，最后我们笔锋一转想提到的是：他们并不是这本书的主角，你才是。

人们不相信自己可以追求或获得成功，个中缘由千变万化。但这些原因全都是假象。你一定能获得成功，但是你要训练自己去相信你能够做到。我们认为，一些创业者天生自信，或者用强烈的进取心和意志力来说服自己去相信。坦白地说，这看起来工作量非常大，似乎是不可复制的。但是我们认为，先制订计划并将你所需要的支持一一归位，是更为明智的做法。

如果你参加过长跑比赛，就应该知道主办方通常会沿途设置饮水点，每隔两三英里就有一个饮水点。他们认为在脱水状态下跑步不是比赛的一部分；相反，他们提供各种各样的服务保证参赛者能够获得成功。因此，在作为一个创业者时也要这样做：为自己做好全面的准备，主动应对你的恐惧，找到能和你并肩作战的人和良师益友，并在你真正需要之前，就找好求助的对象。

所有宏大的目标都会让人望而却步，因此，作为一个创业者，你应该把宏大的目标分解成若干步骤。你怎么才能做到这一点呢？相信你的心中已有答案。

结 语

“合抱之木，生于毫末；九层之台，起于累土；千里之行，始于足下。”

——老子

Breakthrough

Entrepreneurship

通往成功的路线图

我们希望这本书给予你一定的鼓励和指导，让你跃跃欲试，建立超乎你想象的最佳企业。但在你开始行动之前，我们还有以下两点建议：

首先，翻到模块一再读一遍。你现在是否更能理解罗宾·切斯所采用的一些策略了？你是否能够理解她所采取的行动是怎样和我们的创业流程相契合的？你能看出她是怎样找到消费者痛点、怎样计算价值定位和整个目标市场的吗？你是否欣赏她在建立企业时所采用的建立信誉、调度资源以及独断式领导的方式？

仔细思考你将如何在自己的企业中做到这几点。你已经知晓整个创业流程，也已经从我们所采访和研究的所有企业家那里得到了“怎么做”的答案。想一想这些企业家是如何服务于他们的客户，如何创造数千亿美元的营业收入，又是如何去改变世界的。强迫自己去问和他们相似的问题，那么你成功的概率就会大大提升。

其次，当你已经找到一个可供挖掘的创意，并且经过了充分证实，那么就拿出纸和笔吧。是时候列出你的行动计划了。

现在你应该将自己的创业之路分解为几百个小阶段。想一想，一个月以后的今天你要完成什么目标，一年以后或两年以后呢？或许你的目标是让50个客户接受产品试用，或许是要让500个客户购买你的产品，或许你想要准备申请首次公开募股。不论你的目标是什么，你都应该定下一个截止日期并且铭记于心。

下一步，在完成这些小阶段的过程中你要达到怎样的目标？你是否需要根据客户反馈改善自己的产品？是否要和利益相关方建立起信誉？要招聘员工吗？思考要达成最终目标所要走的每一步的具体时间，同时也要将其铭记于心。

现在，决定要达到那些阶段性目标所需要的具体行动和资源，然后进一步将这些目标细化。再重复这一过程，将具体行动细分成更小的任务，再记住完成任务的截止日期。

不断重复这一过程，直到得到一个每天都有目标的一年计划。通常，你每天要完成的目标不止一项。这也没关系。只要你知道在未来3个月或6个月的某一天你要完成什么目标就可以。譬如，你可以说到那个时候我们要把产品卖给100个客户，或者，到那个时候，我们应该已经升级了系统，将我们的产出翻了一倍。

在你学习和进步的过程中，你可能要不断修改自己最初定下的日程。你可能会发觉自己需要调整价值定位。你可能会发现之前忽略的一些商业或技术风险，认识到自己需要其他之前没考虑过的资源或人才。想一想你从本书中学到的知识，尤其要关注我们一直在问的几个关键问题。你怎样不断地测试自己的创意？你的价值定位是什么？可获取市场规模有多大？你要解决的消费者痛点是什么？你怎样找到自己最开始的5个客户？

当你把所有问题都考虑周全时，那么就要恭喜你了。这意味着你已经建立起个人的行动路线图，接下来就可以按照这个计划开始创业了。

不论你多么渴望创业，乍看之下，成立一家新公司都让人望而却步。但是，如果你用上述方法把整个过程分解并按照每一步去操作，那么它就会变得容易操作。你不可能仅仅租一个车库或者买一些电脑就能成立下一个Google。但是，你却可以凭借坚持解决有价值的问题、与合适的人合作、获取适当的资源，来迈出第一步。

我们所说的这一切都是为了证明最后这个极为重要的观点。你已经看到本书提到的大多数企业家开始创业时所处的境遇。他们中没有几个是在最开始就拥有巨额财富的。这当然并无大碍，因为创业就是对于机会的追求，而不管你现在能控制的资源有多少。

即使你的金钱、权利和地位都有限，也没有关系。实际上，如果你开始时的资源不多，从长远来看反而能让你更加富有。创业的核心就在于如何将那些拥有资源的人和机构为已所用。不管你希望得到的是投资者的资金，员工的时间和专业知识，抑或是客户们的现金，你的工作——你的使命——就是让其他人的资源得到有效利用。

如果很多人决定创业，竞相提出资源利用得更好方式并实施伟大的创新计划，所产生的结果会是怎样的呢？这就是创造性破坏。

熊彼特教授认识到，荒谬的是，只有当我们当中那些不走寻常路之人坚持创新的时候，创造性破坏才能奏效。世界的进步仰仗着像你这种创新的思想家。仰仗着你去理解、相信、破坏，并最终获得成功。

明年，有大约700万美国人尝试成为创业者。但是，这些企业中只有一小部分能够存活，只有更小一部分能够成就卓越。你属于哪一拨人呢？

我们都鼓励你，为你打气，但更重要的是，正如熊彼特所说，我们同时也都仰仗着你。

致 谢

Breakthrough Entrepreneurship

乔·伯格斯通

我们写这本书的目的，是为了帮助你开始建立属于自己的成功企业。在这个过程中，我和下面几位进行了交流，令我获益匪浅。在生活中经历了跌宕起伏、酸甜苦辣之后，我想对以下几位表示感谢：路易斯·汉森、布拉德·洛夫特斯、阿瑟夫·萨撤、杰·莱特、比尔·萨尔曼、迈克·罗伯茨、肯·摩斯、马可·伊恩斯蒂、汤姆、爱因森曼、查尔斯·弗格森、莫瑞·麦肯锡、斯泰西·劳森、拉维·莫汉、鲍勃·巴莱特、提姆·克勒斯、迈克·莫瑞兹、约翰·拉古英、莱扎·萨撤、皮特·兰姆、凯斯·希金斯、马可·利普舒尔兹、亨利·克拉维斯和布莱恩·贝斯。还有李·熊本、肯·戈德伯格、以克拉克·司德胡、戴维·多菲尔德、依兰·阿德勒、理查德·牛顿、迈克尔·马克思、吉姆·戴维德森、汤姆·拜尔斯和雷·宾汉。吉姆斯·兰伯特、格伦·福吉特、兰迪·克罗斯勒、皮特·泰尔、克里斯·鲁普莱特、巴尔特·斯蒂芬斯、沃伦·巴菲特。达利安·希拉兹、杰瑞米·希夫、内尔·沃伦、海斯顿·李波维兹和沙拉穆·希拉兹。同时，我想感谢汤姆·布鲁艾特以及和我共同完成这本书的合著作者：小比尔·墨菲。

小比尔·墨菲

我在写作另一本书的时候，在旧金山结识了乔·伯格斯通。我最要感谢的人就是他，他与我分享了自己独到的看法，深深激励了我，同时他也证明了一位工程师同样能成为一位优秀的作家，与他人合作出书。同时，我也想感谢那上百位杰出的企业家。能够在这些年里采访、研究他们，对此我满怀感激。我所了解的一切关于创业的知识都是从他们身上学到的。下面我想特别感谢一些人，名单中有可能会有疏忽，他们是：马拉·马尔科姆·贝克、马克·塞勒德拉、罗宾·切斯、安德鲁·法克哈尔森、凯斯·科尔曼·弗雷、詹姆斯·库里尔、安妮·德维恩、约瑟夫·拉斯特、斯蒂格·乐喜丽、希拉·莉莉奥·马尔塞洛、瑞克·马里尼、克里斯·米歇尔、法克安·那扎里、邵博、霍华德·斯蒂文森、诺姆·瓦舍曼、罗宾·沃伦娜和艾德·斯查乌。作为一名作家，我还想感谢更多的人，但是有两个人对这本书的写作给予了极大的帮助：艾弗林·达菲和梅瑞迪斯·西蒙斯，谢谢你们。

关于作者

Breakthrough Entrepreneurship

乔·伯格斯通在加州大学伯克利分校任教，教授创业学，他同时是伯克利创业和技术中心的创始教工主席。在任教之前，伯格斯通担任供应商超市的CEO兼共同创始人。这家公司是一家服务全球企业的互联网软件公司，后被阿里巴（Ariba）以11亿美元收购。伯格斯通毕业于哈佛商学院，同时是哈佛创业洛克中心的顾问。他同时也是一家成功投资合伙公司的常务董事。现居旧金山。

小比尔·墨菲是《聪明的企业家》（*The Intelligent Entrepreneur*）的作者，同时也与他人合著过其他畅销的非小说作品。他之前担任过《华盛顿邮报》的记者，同时也为《大西洋》（*The Atlantic*）、《新闻周刊》（*Newsweek*）、《返璞归真》（*Real Simple*）、《财富》（*Wealth*）和其他出版物写作。现居华盛顿。